JÖRG SCHUMACHER

Fragen
DIE SICH
ELTERN NICHT
ZU FRAGEN
WAGEN

IMPRESSUM

© 2023
JUNIOR MEDIEN GMBH & CO. KG
Willy-Brandt-Straße 51, 20457 Hamburg
Tel. 040/357 29 19-0, Fax 040/357 29 19-29
info@junior-medien.de

IDEE, KONZEPT & TEXT: Jörg Schumacher
PROJEKTKOORDINATION UND LEKTORAT: Nina Schnackenbeck
ART–DIREKTION: Anja Jung
MIT BEITRÄGEN VON: Dr. Catharina Amarell, Claudia Leder–Appiah,
Susanne Blumenthal, Imke Dohmen, Katharina Gantenberg, Birte Glang,
Viola Patricia Herrmann, Dr. med. Richard Krüger

BILDNACHWEISE:
Cover: Getty Images: studiogstock, TAK
Innen: Getty Images: Lin Pat, mast3r, colorful-Studio, Ihor Reshetniak, Lemono, pijama61, sabelskaya,
Kheat, Alias-Ching, asantosg, S-S-S, Ponomariova_Maria, kid-a, Surachet99, Iuliia Khramtsova,
Samuil_Levich, robuart, undefined, Liana2012l, Tatyana Antusenok, CurvaBezier, Svetlana Mizurov,
aleksey-martynyuk, nicoletaionescu, UnitoneVector, cottidie, Kakigori Studio, Invincible Bulldog,
PCH.vector, Ekaterina Grigoreva, CrazyStripes, Lisitsa, Bulgakova Kristina, TopVectors,
Visual Generation, eliflamra, viyadaistock, ONYXprj, Colorfuel Studio, simplehappyart, Andrew_Rybalko,
Blueastro, KRdesign, Michaela Patzner, Studio Rosarot

Druck und Bindung:
Plump Druck & Medien GmbH

Printed in Germany

ISBN: 978-3-910509-04-7

leben-und-erziehen.de

♥

Dieses Buch ist meinen
fantastischen beiden Söhnen Max und Felix
gewidmet, ohne die es dieses Projekt
überhaupt nicht geben würde.

Und natürlich MEINEN Eltern, ohne die das alles
überhaupt nicht möglich gewesen wäre, denn
ohne mich hätte es keine Söhne und ohne die
kein Buch gegeben.

Hatte ich meine Frau schon erwähnt?
Denn ohne die …

INHALT

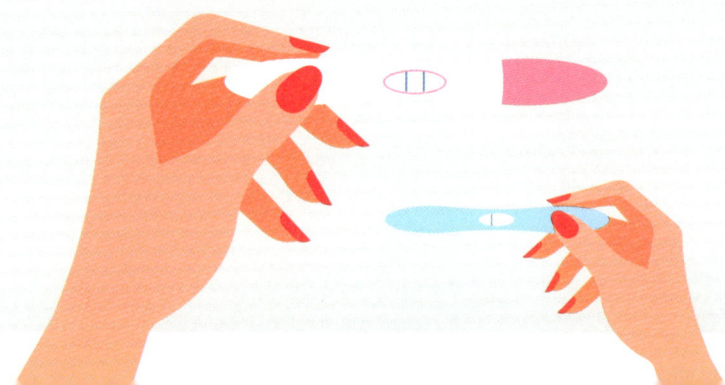

FRAGE 6
28_Darf ich die Schwangerschaft vor meinen Vorgesetzten
verheimlichen?

FRAGE 7
29_Wickel-, Baby-Erste-Hilfe-, Hechelkurs: Müssen sich in Sachen
„Vorbereitung" wirklich beide die volle Dröhnung geben?

FRAGE 8
31_Stimmt es wirklich, dass sie schneller schwanger wird, wenn sie
nach dem Sex Kopfstand macht?

FRAGE 9
32_Sex in der Schwangerschaft: Was, wenn einer ständig will und die
andere nie?

FRAGE 10
34_Kann ein großer Penis oder eine tiefe Penetration das Baby an
der Stirn treffen?

TEIL 2 – RUND UM DIE GEBURT

FRAGE 11
38_Ist unser Sexleben für immer zerstört, wenn er zuschaut, wie das Kind rauskommt – oder sie unter Presswehen versehentlich das große Geschäft erledigt?

FRAGE 12
40_Ist ein Wunschkaiserschnitt wirklich okay?

FRAGE 13
42_Ich empfinde nach der Geburt kein Glücksgefühl, im Gegenteil – bin ich ein schlechter Elternteil?

FRAGE 14
44_Hilfe, ich finde mein Baby nicht süß! Was habe ich für ein Problem?

FRAGE 15
47_Ist es eklig, wenn Papa in der Stillzeit die Muttermilch probiert?

FRAGE 16
48_Dürfen wir Sex haben, wenn das Baby im Raum ist?

FRAGE 17
50_Ich finde Wickeln so eklig!
Wie komme ich bloß aus der Nummer raus?

FRAGE 18
52_**Muss man wirklich** bis zur Windel alles anders machen als früher, um heute gute Eltern zu sein?

FRAGE 19
54_**Wieso hat mich keiner** vor dem Schlafentzug gewarnt?

FRAGE 20
56_**Kann ich mich** bei Schlafmangel krankmelden?

TEIL 3 – NACH DER GEBURT

FRAGE 21

60_Darf ich meine Schwiegermutter rausschmeißen,
wenn sie sich ungefragt in die Erziehung einmischt?

FRAGE 22

62_Darf ich am Hintern meines Kindes riechen, um zu erfahren,
ob etwas in der Windel ist?

FRAGE 23

63_Ist es normal, dass mein Kind mit drei Jahren noch
nicht trocken ist?

FRAGE 24

65_Den ganzen Tag nur Eltern sein – wo bleibt da noch Zeit
(und Lust) für Sex?

FRAGE 25

67_Sind wir schlechte Eltern, weil wir unsere Kinder stundenlang vor
den Fernseher setzen, um mal unsere Ruhe zu haben?

FRAGE 26

**70_Warum sind Kinder so
anstrengend?**

FRAGE 27

71_Warum verstehen mich
meine kinderlosen Freunde nicht
(mehr)?

FRAGE 28
**73_Sind wir schlechte
Eltern,** wenn wir es langweilig
finden, mit unserem Kind zu spielen?

FRAGE 29
76_Darf ich mit fremden Kindern schimpfen?

FRAGE 30
77_Muss ich wirklich zum Elternabend?

FRAGE 31
79_Ist es normal, dass mein Kind so oft krank ist?

FRAGE 32
82_Darf ich mich in die Erziehung meiner Freunde einmischen?

FRAGE 33
85_Ist es okay, wenn ich mich im Bad einschließe, weil ich mir nicht
vor den Kindern den Hintern abwischen (und auch einfach mal meine
Ruhe haben) will?

FRAGE 34
86_Soll ich meiner Partnerin lieber verschweigen, dass mir das
Kind vom Wickeltisch gefallen ist?

FRAGE 35
88_Urlaub ohne Kind: Sind wir Rabeneltern,
wenn wir uns danach sehnen?

FRAGE 36
90_Wie erkläre ich meinem Kind den Dildo im Kleiderschrank/das Kondom unterm Bett?

FRAGE 37
91_Muss mein Kind wirklich mit anderen teilen?

FRAGE 38
92_Welcher Sport ist der elternfreundlichste?

FRAGE 39
93_Wutanfall an der Supermarktkasse – kann ich nicht einfach nachgeben?

FRAGE 40
95_Wie viele Süßigkeiten sind zu viel?

FRAGE 41
96_Ich könnte meine Kinder mit fünf Jahren schon an die Wand klatschen – wie soll das erst in der Pubertät werden?

FRAGE 42
98_Darf man wütend auf die streikenden Erzieher*innen sein?

FRAGE 43
99_Wer sagt mir, ob ich alles richtig mache?

VORWORT

Liebe Eltern,
willkommen zu einer humorvollen Reise durch die Welt der Kinder- und
Elternerziehung! Auf den folgenden Seiten gehen wir jenen Themen
auf den Grund, die viele Eltern beschäftigen, die sie aber oft nicht zu
besprechen wagen. Als Stand-up-Comedian und Vater von zwei Jungs
erkenne ich nur zu gut, wie schwierig es sein kann, das Leben mit
Kindern zu meistern, ohne dabei den Humor zu verlieren. Darum steckt
hinter jedem Scherz in diesem Buch auch eine wichtige Lektion – jedes
Kapitel bietet nicht nur unterhaltsame Geschichten, sondern auch
praktische Tipps und Tricks, die euch (hoffentlich) dabei helfen werden,
euren Alltag mit Kindern einfacher und glücklicher zu gestalten.
So, und nun aber Schluss mit dem Marketing-Schmonzes!

Warum habe ich dieses Buch geschrieben?
Nicht, weil ich den hundertsten Ratgeber zum Thema „Kindererziehung"
auf den Markt bringen wollte. Auch nicht, weil ich schon einen Baum
gepflanzt und ein Haus gebaut habe. Habe ich nicht. Sondern weil mir
eins ganz wichtig ist, euch nämlich zu zeigen: IHR SEID NICHT ALLEIN!

Scheiße, niemand hat *mich* darauf vorbereitet, wie es ist, Vater zu sein –
oder Eltern. Es gab keinen Kurs (außer Hecheln), keinen Führerschein,
keine Prüfung, sondern auf einmal nur dieses süße bisschen Leben, dass
immer nur schrie wie am Spieß. Und plötzlich hast du den Druck, dass
du der Verantwortung gerecht werden musst. Ohne Alkohol!

Und genau deshalb schreibt das Buch übrigens ein Vater UND Comedian. Damit ihr zwischendurch auch mal lachen könnt. Und vielleicht
auch mal weinen. Und manchmal auch beides gleichzeitig. Denn genau
das ist Elternsein.

Ach ja, und solltet ihr noch keine Eltern sein, also zu den sogenannten
Kinderlosen gehören und das Buch nur zur Vorbereitung mitgenommen

oder geschenkt bekommen haben: Keine Angst, auch ihr werdet gebühren erwähnt. Irgendwer muss hier ja schließlich diskriminiert werden. In diesem Sinne: Fragen marsch!

Oder wie ich in meinen Shows zu sagen pflege: Kommt einfach rein und habt Spaß!

Euer

VOR
DER
GEBURT

Frage 1

Darf ich enttäuscht sein, wenn ich mir schon immer ein Mädchen gewünscht habe und im Ultraschall dann ein Junge zu erkennen ist (oder umgekehrt)?

Ich glaube, es geht um die Einstellung, mit der man an die Sache herangeht. Mir war es, ehrlich gesagt, völlig egal, ob Junge oder Mädchen. „Hauptsache, gesund!", wie meine Oma immer zu sagen pflegte.

Beim ersten Kind.

Als meine Frau zum zweiten Mal schwanger war, dachte ich schon: *Ein Mädchen wäre zur Abwechslung mal nett.* Nicht mehr von unten angepinkelt werden, später kein wildes Gekloppe unter Brüdern und überhaupt: Ein Mädchen wäre meiner Meinung nach erziehungstechnisch eher in das Aufgabengebiet meiner Frau gefallen („Erklär du ihr mal die *Tage,* sie will wieder das Kleid nicht anziehen"). Ich wäre bloß der Papa gewesen, den die Prinzessin um den Finger wickeln kann ...

Natürlich hatten wir uns auch schon entsprechende Namen überlegt (siehe die beiden nächsten Fragen).

Klar gibt es Väter, die sich *unbedingt* einen Stammhalter wünschen und schon mal das Kinderzimmer in Blau streichen. Oder Mütter, die unbedingt eine Stammhalterin ... Aber lassen wir das.

Dann kommt der Ultraschall – und plötzlich ist alles anders. Hast du schon mal versucht, Blau zu überstreichen? Da musst du dreimal ran, bevor es deckt!

Aber, liebe Männer, das Schöne ist ja, wir können es einfach noch mal versuchen. Und noch mal und noch mal. Und immer wieder, bis es klappt – oder auch nicht. Ich habe zwei Söhne, ich weiß, wovon ich rede.

Liebe Eltern, an dieser Stelle ein offenes Wort: Macht euch nicht verrückt, ob Junge oder Mädchen, und vor allen Dingen: *Lasst* euch nicht verrückt machen! Es lohnt den Aufwand nicht. Freut euch über den Nachwuchs, freut euch vor allem, wenn er oder sie gesund ist.

Macht euch lieber verrückt, was den Namen anbelangt! ★

Frage 2

Ist das mit dem Namen denn wirklich so eine große Sache oder sucht man einfach einen raus?

Um es mit den Worten meiner Frau zu sagen: MAN SUCHT NICHT EINFACH SO EINEN RAUS!

Man (also frau) entwickelt eine Wissenschaft aus zahlreichen Namensbüchern, aus den Hitlisten der letzten fünf Jahre, minus aller Namen von allen Menschen, die man nicht leiden kann, minus der Namen aller Menschen, die man zwar leiden kann, deren Namen aber doof sind (oder möchtest du heißen wie Onkel Hubert?).

Und am Ende ist es dann noch komplizierter. Bei uns im Viertel ist es zum Beispiel Mode, den Kindern Namen von Kaisern zu geben, also Friedrich, Wilhelm, Marc-Anton. Das geht aber nicht mit jedem Kaiser („Weg mit dem Feuerzeug, Nero!") ... Und der Nachbarsjunge heißt Pan, das war ein griechischer Gott.

Unsere Kinder heißen Max und Felix. Und meine Frau letztens so: „Warum heißen unsere Kinder eigentlich nicht wie griechische Götter?" Wisst ihr, warum? Weil es sich kacke anhört, wenn du sagst: „Reinige endlich mal das Aquarium, Poseidon!"

In meinen Shows frage ich meine Gäste immer nach ihren Namen. Neulich antwortete eine junge Frau in der ersten Reihe: „Ich heiße Sariana." Und ich überlegte sofort: *Wahrscheinlich heißt das auf Hebräisch „Kleine Sonne, die mit dem Mond tanzt"* oder so. Ich fragte also interessiert nach. Sie so: „Das ist nicht Hebräisch, das war eine Dessousmarke aus dem Otto-Katalog." Na, da haben sich die Eltern ja mal richtig Mühe gegeben bei der Namensfindung! Augen zu und auf ein Bild getippt.

Hätte meine Frau bloß gewusst, dass es so einfach sein kann! Name per Katalog! Unsere Söhne hießen heute Billy und Ektorp. Das klingt noch dazu immerhin wie *schwedische* Götter – wir wären ganz weit vorn gewesen!

Im Ernst: Die Namensgebung ist keine leichte Sache. Namen sind kompliziert. Unvergessen bleibt der Kollege, der sich den süßen Namen Lotta für seine Tochter ausgesucht hat. Ohne zu bedenken, dass er mit Nachnamen Dreier heißt ... ★

Frage 3

Darf ich mein Kind Winnetou nennen?

Um es kurz zu machen: NEIN! Oder: Auf gar keinen Fall! Und auch nicht Shiloh Cheyenne oder Rumer Willis. Weil erstens diese Namen nach deutschen Standesamtsregeln nicht erlaubt sind, denn es muss klar sein, welcher der Vorname ist und vor allem, welcher *nicht.* Für die PS-Fraktion: Deshalb fällt übrigens auch Porsche Cayman weg! Und weil ihr das zweitens auch gar nicht wollt. Du möchtest dein kleines Mädchen nicht Vangelis nennen, nach den Musikern. Um dann mitzuerleben, wie es Vandscheli (ohne S) gesprochen wird und die alten Verwandten überlegen: Ist das nicht eine Fußcreme bei Rossmann?

Dazu findet sich im deutschen Namensrecht sinngemäß folgender Passus: Verboten sind Namen, die anstößig sind, das Kind der Lächerlichkeit preisgeben oder einfach unpassend sind. Zum Beispiel Satan, Bierstübl, Puhbert, Pillula, Sputnik, Störenfried, Oma oder Verleihnix.

Ich möchte fast ergänzen: oder Namen, die das Kind selbst nicht aussprechen kann. Wie der Junge, der im Klassenzimmer auf die Frage nach seinem Namen hartnäckig „Pieschelbär" erwiderte. Immer wieder. Erst als die Lehrerin ins Klassenbuch schaute, klärte sich das Missverständnis um den kleinen Pierre-Gilbert. ★

24

Frage 4

Ist mein altes Leben mit dem zweiten Strich auf dem Schwangerschaftstest vorbei?

So hart würde ich es nicht formulieren.

Vielleicht.

Ihr seid damit allerdings definitiv auf dem Weg, die feine Grenze zwischen Kinderlosen und Eltern zu überschreiten. Und das sind DEFINITIV zwei Welten. Kinderlose und Eltern, das ist wie Lego und Playmobil. Und da fängt es schon an: Kinderlose gehen einen trinken. Ich dagegen mache Fläschchen. Für andere. Sie gehen im Fitnessstudio pumpen, „wir" pumpen ab – und zwar die Milch.

Also doch, ja, für Eltern verändert sich das ganze Leben. Nehmt mich: Früher wollte ich einen Porsche fahren, bekommen habe ich einen Škoda Combi.

Mein Nachbar in Winterhude, der will keinen Kombi kaufen, der will kinderfreundlich umrüsten, einen Audi TT. Wisst ihr, was da reinpasst? Nichts. Sagt er: „Wieso? Kaufe ich mir einen Audi-Kindersitz, da passt der Kleine doch rein, oder nicht?" Stimmt, dann fehlt nur noch Platz für Essen, Trinken, Spielzeug, Kuscheltiere, Wickeltasche, Schaufeln, Bagger, Kinderwagen, Fahrrad, Planschbecken und das Pony (alles schon vorgekommen).

Übrigens, auf die Urlaube könnt ihr euch besonders freuen. Denn uns geht es so: Früher sind wir zu Zielen gefahren, die uns SPASS gemacht haben. Heute fahren wir zu Zielen, die die Kinder GLÜCKLICH machen. Früher: Flug nach Ko Samui, blaues Wasser, Palmen und kühle Cocktails. Heute: Fahrt zum Öko-Bauernhof im Harz, zwei Wochen Kuhscheiße im Regen. Aber: 14 Tage leuchtende Kinderaugen! ★

Frage 5

„Ein Kind ist kein Kind. Zwei Kinder sind wie drei" – machen sich Eltern, die das sagen, nicht einfach übermäßig wichtig?

Es ist eine recht einfache Gleichung: Meine Frau habe ich mir ausgesucht – also mehr oder weniger. Am Ende haben wir gemeinsam entschieden: Das ist der Mensch, mit dem ich leben möchte. Genauso wie wir entschieden haben: Das ist die Wohnung, in die wir ziehen möchten, das ist der Alltag, den wir miteinander führen wollen.

Meine Kinder habe ich nicht erst kennengelernt und dann entschieden: Jawohl, die behalte ich! Nichts da, keine Chance. Es kam ein Kind im Paket mit Charaktereigenschaften, die ich noch nie erlebt hatte. Okay, heute kann ich zugeben: Unser Erstgeborener hat eine ganze Menge von mir – aber es hat lange gedauert, bis ich mir das eingestehen konnte.

Generell ist es doch so: Kinder haben Bedürfnisse, um die sich alles dreht. Alles. Das bedeutet im Klartext: Wenn ich mich früher am Wochenende zu einer kleinen Spritztour mit meinen Jungs verzogen habe, dann mache ich stattdessen heute ... – auf KEINEN FALL eine Spritztour mit meinen Jungs. Das ist vorbei. Jetzt geht es danach: Was will oder hat das Kind, und irgendetwas gibt's immer, Hunger, Pipi, Kacka, Durst, Liebe, Langeweile ... DAS ist jetzt unser Alltag.

Ich sage immer: Ein Kind zu bekommen, das ist wie Speed von null auf hundert. Was kann noch anstrengender sein? Zwei Kinder. Warum? Weil du beim ersten Kind zu zweit immer noch eine Hand frei hast. Es kann immer noch einer schlafen, ihr könnt euch abwechseln. Beim zweiten Kind ist das vorbei: Es ist keine Hand, kein Elternteil mehr frei. Es herrscht einfach nur noch Chaos.

Deshalb nehmt die Tipps und gut gemeinten Ratschläge von Eltern mit zwei Kindern ernst, auch wenn ihr im Moment vielleicht noch keine Ahnung habt, was das für euch bedeuten kann.

Keine Sorge, übrigens: Mit dem dritten Kind seid ihr dann über den Berg. Da braucht es nicht noch mehr Hände, das läuft so mit. Wer will mal ausprobieren, ob das stimmt? ★

Frage 6

Darf ich die Schwangerschaft vor meinen Vorgesetzten verheimlichen?

Das sollest du sogar! Zudem liegt auch keine gesetzliche Meldepflicht vor, die werdende Mütter dazu verpflichtet, ihren Arbeitgebenden über die Schwangerschaft zu informieren. Denn das bringt doch nur Nachteile – gerade für Journalistinnen und Comediennes: „Lass die Schwangere nicht mehr auf die Bühne, die braucht so viel Platz!", „Tut mir leid, Sie können das Interview nicht führen, Sie schnaufen immer so."

Tatsächlich ist das jedoch einer der wenigen Fälle, wo ich mich komplett geirrt habe oder besser: völlig danebengelegen habe. Denn sobald der Chef über die Schwangerschaft Bescheid weiß, gilt der *Mutterschutz,* und damit ist jeder Arbeitgebende gesetzlich dazu verpflichtet, bestimmte Schutzvorschriften für Schwangere zu berücksichtigen. Dasselbe gilt übrigens, ganz gendergerecht, auch für Chefinnen. ★

Frage 7

Wickel-, Baby-Erste-Hilfe-, Hechelkurs: Müssen sich in Sachen „Vorbereitung" wirklich beide die volle Dröhnung geben?

Unsere Hebamme Claudia Leder-Appiah sagt: „In Ghana, wo meine Wurzeln liegen, gibt es keine Geburtsvorbereitungskurse, und die werdenden Familien kommen trotzdem gut zurecht – allerdings mit der selbstverständlichen Hilfe der Familienmitglieder. Prinzipiell halte ich einen Geburtsvorbereitungskurs aber schon für sinnvoll, vor allen Dingen, wenn man das erste Kind erwartet. Es fallen ja doch einige Fragen rund um Schwangerschaft, Geburt und Wochenbett an. Meiner Meinung nach würde es auch ausreichen, wenn man ein gutes Fachbuch liest, dort stehen alle wichtigen Dinge drin."

Ich sage: Ich war damals genauso naiv, was das Thema „Vorbereitung" betrifft – vieles, was ich hätte wissen müssen, steht nämlich *nicht* in den Büchern. Ich habe zum Beispiel beim ersten Kind gedacht: *Klar nehme ich Elternzeit! Das wird total kuschelig. Nur schmusen und ums Baby kümmern.* Und dann schiebst du jede Nacht den Kinderwagen. Damit das Kind nicht schreit. Im Wohnzimmer. Hin und her. Von drei bis vier. Von fünf bis sechs. Von acht bis ... Hurra, jetzt geht's zur Arbeit! Ach nein, ich habe ja Elternzeit – drei Monate lang! Ich habe meinen Chef geküsst, als ich wieder arbeiten gehen durfte. Darauf bereitet dich keiner vor – keine Geburtsvorbereitungshebamme und kein Schwangerschaftsratgeber.

Ich habe übrigens die Erfahrung gemacht, dass Frauen viel organisierter und besser vorbereitet sind als Männer: Die wissen genau, was sie brauchen, packen es ein und gehen zum Spielplatz.
Als Mann gerätst du kurz in Panik: Hab ich wirklich alles? Wickeltasche,

Essen und Trinken, Klamotten? Ja, ich glaube, das war's. Ab zum Spielplatz. Und dann sitzt man allein auf der Wippe und wundert sich: Ist so ruhig hier. Wo ist das Kind?

Ich habe auch immer nur eine Windel mitgenommen, das hatte ich zum Beispiel aus einem Buch. Die hat tatsächlich ausgereicht. Weil ich auf dem Spielplatz alles bekommen habe, was mir fehlte – von den gut organisierten Müttern! ★

yummy

Frage 8

Stimmt es wirklich, dass sie schneller schwanger wird, wenn sie nach dem Sex Kopfstand macht?

Dazu sagt unser Gynäkologe Dr. Richard Krüger: „Tatsächlich gibt es keine wissenschaftlichen Studien, die die Stellungen während des Geschlechtsverkehrs auf ihren Einfluss auf die Schwangerschaft hin untersuchen. Was jedoch eine Rolle spielt, ist die Eindringtiefe des Penis in die Vagina. Schließlich muss das Ejakulat ja zum Gebärmutterhals gelangen. Bei Stellungen, die ein nur oberflächliches Eindringen des Penis in die Vagina ermöglichen, wird es mit einer erfolgreichen Schwangerschaft darum schwieriger. Die Spermien müssen nämlich tief in die Vagina gelangen, um zu ihrem Zielort, dem Gebärmutterhals, zu gelangen. Von dort sind sie auf sich allein gestellt und kommen nur noch mit der Bewegung ihres Schwanzes von ganz allein weiter, und wir können gar nichts mehr für sie tun.

Kurzum: Die Position ist also egal, solange die Spermien tief genug in die Vagina gelangen und bewegungsfähig sind."

Äh, genau, das wollte ich auch gerade sagen! ✦

Frage 9

Sex in der Schwangerschaft: Was, wenn einer ständig will und die andere nie?

Im Gespräch mit unserer Erziehungsberaterin, Mama-Coachin und damit weiblichen Expertin Imke Dohmen habe ich folgendes Interessantes erfahren: „Ich finde: Frauen sollten sich niemals aus Liebe zu ihrem Partner auf Sex einlassen. Natürlich auch nicht andersherum. Nichtsdestotrotz kann man hier Kompromisse finden. Es geht um den Tausch: ein Nein gegen ein Ja. Aber nicht jede*r braucht eben unbedingt sexuelle Befriedigung, um sich jemandem nahe zu fühlen."

Ach so! Das erklärt so vieles …

Dohmen fährt fort: „Das Bedürfnis nach Nähe und Verbundenheit kann man auch befriedigen, indem man im Alltag (wieder) mehr aufeinander achtet, sich vielleicht mal einen Kuss zwischendurch gibt, sich liebevoll berührt, dem Partner oder der Partnerin wirklich zuhört und miteinander spricht. Wenn man die respekt- und liebevolle Nähe im Alltag wieder herstellt, passiert weitere Intimität oftmals von ganz allein."

Das klingt doch super. Wie wäre denn zum Beispiel etwas, wobei wir beide nackt sind, mit ganz viel Körperkontakt und … Nee, Moment, das läuft doch schon wieder auf Sex hinaus in meinem Kopf!

Unser Gynäkologe Richard Krüger hilft mir aus der Patsche: „Sexuelle Handlungen müssen nicht immer mit Penetration einhergehen." Ach was! „Vielleicht kann manuelle oder orale Befriedigung des Partners oder der Partnerin eine sinnvolle Zwischenlösung sein, bis beide das nächste Mal wieder gemeinsam Lust auf Sex haben."

Zum Glück traf meine Frau und mich diese Problematik gar nicht, denn: Mein Gott, ist so eine Schwangerschaft anstrengend!

Ich war dauernd erschöpft. Und meine Frau erst.

Insofern stellte sich das Problem nicht, dafür aber ein anderes: Meine Frau redete ständig davon, sie sei nicht attraktiv, wegen ihres Kugelbauches und so weiter. Also musste ich immer wieder betonen, dass das natürlich nicht der Fall sei. Gleichzeitig konnte ich es aber nicht mit Sex beweisen. Denn in meinem Fall, also, ich sage es ganz ehrlich: Ich hatte Angst, irgendetwas kaputt zu machen (siehe nächste Frage).

Und dann war ich ja auch auf einmal ein WERDENDER VATER. Das ist nicht zu unterschätzen. Ich meine, ja, die Frau trägt im wahrsten Sinne des Wortes die Hauptlast, aber ich war immerhin ein WERDENDER VATER. Waaaaah! Es gibt doch bestimmt auch Gruppen für so was ... ★

Frage 10

Kann ein großer Penis oder eine tiefe Penetration das Baby an der Stirn treffen?

Dazu möchte ich an dieser Stelle unbedingt einen legendären Witz zum Besten geben. Nach der Geburt schaut das Baby den Vater wütend an, haut ihm immer wieder kräftig gegen die Stirn und schreit: „Na, hat's Spaß gemacht?" Auf der Bühne kloppt man sich dazu übrigens das (angeschaltete) Mikro an die Stirn, um die Situation auch akustisch zu illustrieren …

Die Wahrheit sieht aber glücklicherweise anders aus, sagt unser Gynäkologe Dr. Richard Krüger: „Liebe zu dritt (mit Baby im Bauch) ist gar kein Problem! Das Baby ist es gewohnt, geschaukelt zu werden, ob durch den Spaziergang zum Supermarkt oder durch Geschlechtsverkehr, ist ihm vermutlich gleichgültig. Es gibt nur sehr wenige Umstände, bei denen Ärzte*Ärztinnen von Geschlechtsverkehr in der Schwangerschaft abraten. Wichtig ist nur, dass man es dem irgendwann höheren Schwangerschaftsalter entsprechend etwas ruhiger angehen lässt und allzu ruckartigen Druck auf den Bauch der Schwangeren vermeidet."
    Na, hätte ich das gewusst, dann hätten bei uns aber die Wände gewackelt. Wenn ich nicht so erschöpft gewesen wäre. ★

35

RUND
UM
DIE
GEBURT

Frage 11

Ist unser Sexleben für immer zerstört, wenn er zuschaut, wie das Kind rauskommt – oder sie unter Presswehen versehentlich das große Geschäft erledigt?

Vorneweg: Nein, es gibt noch Hoffnung! Das sagt zumindest unsere Mama-Fitness- und (S)Expertin Birte Glang. Sie kennt eine einfache Wahrheit: „Die Frau macht sich hier grundsätzlich mehr Gedanken als der Mann. Beim Akt selbst ist der Mann meist recht ‚einfach gesteuert' und denkt eher weniger an die Bilder der Geburt. Manch ein Vater ist allerdings traumatisiert und bekommt Sex mit seiner einst so geliebten und begehrten Frau und nun aber Mutter seines Kindes, bei der er die Geburt des Kindes so genau gesehen hat, nicht auseinanderdividiert. Hier bedarf es vieler ehrlicher Gespräche bis hin zur Therapie."

Grundsätzlich wird den Männern in der Geburtsklinik explizit davon abgeraten, sich die Geburt von „unten" anzuschauen. Und das nicht ohne Grund. Haltet die Männer also oben bei euch am Kopf, liebe Frauen! Bei der Geburt des zweiten oder weiteren Kindes sehen viele Männer es jedoch ohnehin etwas entspannter.

Ach so, ihr denkt jetzt, dass sie sich dann gern die Geburt „live und direkt" ansehen? Das meine ich nicht. Während ich beim ersten Kind noch in heller Aufregung war während der Geburt, fachsimpelte ich beim zweiten mit dem Chefarzt über die tollen Geräte – und sein Golfspiel.

Was ich meine, ist: Ihr habt doch ohnehin nichts mehr zu verstecken. Oder geht ihr jedes Mal zum Furzen raus auf den Balkon? Hand hoch, wer das noch macht! Wie lange seid ihr zusammen? Sechs Monate? Dann ist es zu früh für ein Kind. Ich spreche für einen Freund. Denn erst wenn die letzten Tabus gefallen sind, seid ihr bereit für das, was dann kommt:

Wickeln an den unmöglichsten Orten – mit den unmöglichsten Sachen („Hast du Socken? Her damit!") – oder schneller Standort-Sex („Es schläft, schnell!" „Aber ich bin gerade im Keller und suche etwas!" „Egal!"). Und ehrlich gesagt, die schlimmsten Dinge habt ihr schon kennengelernt – die Verwandtschaft. Aber das ist ein anderes Thema …

Noch ein wichtiger Tipp: Unbedingt vorher diskutieren, ob Mann bei der Geburt mit dabei sein sollte. Denn es ist absolut okay, wenn er Nein sagt – meist findet sich dann nämlich eine super Kneipe für werdende Väter um die Ecke mit seeeehr verständnisvollem Personal.

Auf der anderen Seite ist es natürlich immer gut, wenn der Mann im Kreißsaal mit dabei ist. So konnte ich beide Male, platziert an ihrem Kopfende, ihre Hand halten. Und das war sehr beruhigend – vor allem für mich. ★

Frage 12

Ist ein Wunschkaiserschnitt wirklich okay?

Dazu sage ich nur: 72 Stunden. Und ich meine nicht den Film, sondern die Geburt unseres ersten Sohnes, die genau so lange dauerte. Dabei wollten wir alles ganz natürlich haben, sogar über eine Wassergeburt hatten wir nachgedacht (das war möglich in unserem Krankenhaus, aber dann lag der Oberarzt selbst in der Wanne), und ich hatte meine Tigershorts in die Kliniktasche gepackt.

Aber dann zog es sich doch. Zuerst lief alles super, also, wenn du es „super" findest, dass die eigene Ehefrau plötzlich brüllend an dir hängt und bei den Presswehen jedes Mal deine Hand drückt wie eine leere Chipstüte bei Heißhunger. Sprich: Es kamen immer wieder Wehen, aber es ging nicht weiter voran. Konnte auch gar nicht, wie sich später herausstellte, denn die Nabelschnur hatte sich ums Kind gewickelt. Bei uns kein dringender Notfall, aber eben durchaus hinderlich. Also am Ende Kaiserschnitt durch den Chefarzt. Und ganz ehrlich, beim zweiten Kind haben wir den gleich gebucht – es kam uns einfach entspannter vor für alle Beteiligten. Bis auf den Chefarzt, denn der schrie beim Anblick der Narbe: „Welcher Stümper hat denn den ersten Kaiserschnitt gemacht?"

Zum Thema „Wunschkaiserschnitt" sagt unser Gynäkologe Dr. Richard Krüger kurz und knapp: „Es gibt in Sachen Schwangerschaft und Geburt keine Tabuthemen, zumindest nicht zwischen Schwangeren und ihrer*ihrem Gynäkologin*Gynäkologen. Verallgemeinerungen können nicht getroffen werden, denn die Entscheidung über den Geburtsmodus ist individuell und Privatsache. Den Wunsch nach einem Kaiserschnitt gilt es also zu respektieren und lediglich zu klären, woher dieser Wunsch kommt."

Bäm. Noch Fragen? ★

Frage 13

Ich empfinde nach der Geburt kein Glücksgefühl, im Gegenteil – bin ich ein schlechter Elternteil?

Klar, jeder und jede kennt die Gurkenphase und den Schoko-Heißhunger in der Schwangerschaft – ich habe zusätzlich noch Schnitzel gegessen. Aber ich kann euch sagen: Nach der Geburt wird es noch schlimmer. Nur ein Wort: *Babyblues!* Ich hatte alles gegeben und fühlte mich einfach leer. Aber wie mal ein Fußballtrainer gesagt hat: „Nach der Schwangerschaft ist vor der Schwangerschaft." Es geht immer weiter. (Für alle doofen Männer: Hat er nicht, das war Hennes Weisweiler, und der hat gesagt: „Vor dem Spiel ist nach dem Spiel.")

Was ich eigentlich sagen will: Sieben von zehn Schwangeren leiden am sogenannten Babyblues – das ist also ganz normal.

Und warum kommt es überhaupt dazu? Der Körper der Frau bildet während der Schwangerschaft eine Menge des Hormons Progesteron, das für eine ausgeglichene und zuversichtliche Stimmung sorgt. Nach der Geburt des Kindes jedoch fällt auch der Progesteronspiegel im Blut wieder (deutlich) ab.

Ehrlich gesagt, war ich schon beim Hormon raus ... Was ich aber verstanden hatte, war: Etwa drei bis fünf Tage nach der Geburt kommt es natürlicherweise zu Stimmungsschwankungen.

Und ganz ehrlich, die hatte meine Frau ohne Ende. Warum? „Ich liege hier und muss mich um alles kümmern: Stillen, wickeln, U1 bis U5, und du?" Na ja, ich liege daneben und bin seeehr interessiert.

Unser Gynäkologe Richard Krüger macht Hoffnung: „Wer weiß, dass das ganz normal ist und nicht zu große Erwartungen an Mutter, Vater und die erste Zeit mit dem Kind hat, der kommt mit dem Babyblues ziemlich sicher gut klar. Die gute Nachricht: Nach etwa zwei Wochen hört der

Babyblues von allein auf." Und falls nicht, auch das sagt er, müssen Ängste und Kummer professionell angegangen werden, um eine länger dauernde Wochenbettdepression zu verhindern. Übrigens: An der leiden etwa zwanzig Prozent aller Mütter – aber auch vier Prozent der Väter. Und jetzt wisst ihr, wie es mir ging mit dem ganzen Geschreie. ★

Frage 14

Hilfe, ich finde mein Baby nicht süß! Was habe ich für ein Problem?

Erst mal gar keines. Zumindest keines, das besonders beunruhigend ist. Unsere Hebamme Claudia Leder-Appiah erklärt nämlich, dass die starken Hormonschwankungen nach der Geburt natürlicherweise dazu führen können, dass wir unser eigenes Baby nicht auf den ersten Blick süß finden. Das hat mit unserem Baby erst mal gar nichts zu tun. „Schuld" daran ist nur der arg durcheinandergeratene Hormonhaushalt und der daraus resultierende bereits bekannte Babyblues. Wir sind schichtweg überfordert mit der vollkommen neuen Situation, Verantwortung, sind ängstlich und leicht reizbar. Und die Frauen sind außerdem noch erschöpft von der Geburt.

Ich sage: Stimmungsschwankungen hatte meine Frau auch schon vorher, so forderte sie einmal während der Schwangerschaft vehement amerikanische Erdnussbutter ein – und ich wusste: Die muss jetzt her, egal wie (aber: Wo zum Teufel bekommst du mitten in der Nacht amerikanische Erdnussbutter her?).

Eine depressive Phase mit dem eigenen Kind sollte man jedoch trotz aller logischen und natürlichen Erklärungen nicht auf die leichte Schulter nehmen und zumindest aufmerksam beobachten. Denn wenn diese Phase länger anhält, kann sich auch eine Depression entwickeln, und dann sollte man sich professionelle Hilfe holen. Im Gespräch mit der Hebamme lässt sich solch eine Situation aber in der Regel gut klären.

An dieser Stelle muss ich jedoch auch mit einer unbequemen Wahrheit aus der Praxis herausrücken: Tatsächlich sind nicht alle Babys süß. Das merkt man spätestens dann, wenn die Schwiegermutter sagt: „Ach, das wächst sich noch aus ..." Und das stimmt übrigens ausnahmsweise mal:

So verändert sich die Kopfform des Babys in den Tagen nach der Geburt manchmal genauso schnell wie mein Gesichtsausdruck, als ich das erste Mal die Windel wechseln musste. Aber das ist eine andere Geschichte … ★

Die jetzt noch
folgenden Fragen
kommen euch an dieser Stelle
(„rund um die Geburt", eben)
vielleicht etwas verfrüht vor.
Aber ich dachte mir, da man
in der Wochenbettzeit, der
„Wattewolkenwirsindeinefamilie"-
Zeit, sonst nichts zu
tun hat außer Kuscheln und
Bonden und Liebhaben, kann
man sich doch schon mal mit
einigen wichtigen Themen
beschäftigen, die im Leben mit
(Klein-)Kindern ohnehin immer
wieder auf einen zukommen.

Frage 15

Ist es eklig, wenn Papa in der Stillzeit die Muttermilch probiert?

Was ist denn daran eklig? An der Brust gelutscht habe ich schließlich auch noch nach der Stillzeit, als gar keine Milch mehr kam.

Aber zurück zum Thema: Aus Erfahrung kann ich euch sagen, es schmeckt überhaupt nicht, das Zeug … Ein bisschen wässrig, eher wie Stärke in Wasser. Aber es ist ja auch glücklicherweise das Lebenselixier unserer Kinder und nicht von uns Eltern. Und deshalb ist es gut, dass es uns nicht schmeckt. Denn sonst würden die Väter es den Kindern ja sofort wegtrinken.

Probieren musste ich es aber natürlich. Und damit bin ich nicht der Einzige, denn auf Ärztedeutsch erklärt sich dieses Phänomen folgendermaßen: „Männer haben während der Schwangerschaft und der Stillzeit das starke Gefühl, zu kurz zu kommen. Deshalb versuchen sie, wieder Anschluss zu finden. Das Probieren der Muttermilch gehört dazu." ⭐

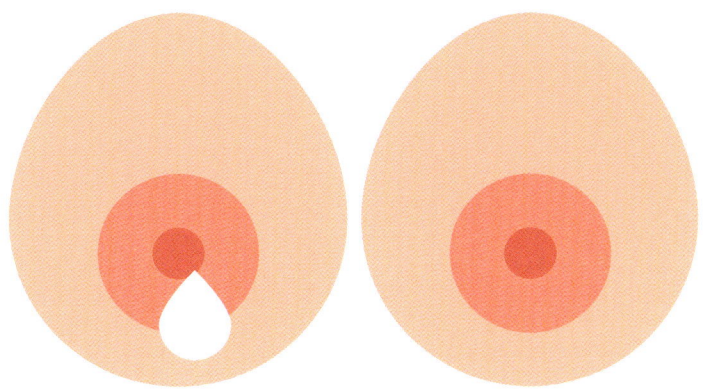

Frage 16

Dürfen wir Sex haben, wenn das Baby im Raum ist?

Ja, aber nur leise.

Mal ehrlich: Wer schafft es denn, in den ersten Wochen oder Monaten *überhaupt* Sex zu haben – egal wo?! Als Mann musst du dich ja eh erst einmal von den schrecklichen Bildern der Geburt erholen, die dir gezeigt haben, wozu deine Frau anatomisch fähig ist, wenn sie euer Kind wie in „Alien – die Wiedergeburt" zur Welt bringt. Übrigens auch von diesen furchtbaren Schreien ...

Und dann gehören dazu ja auch immer zwei. Und meine Frau hatte sechs Monate lang gar keinen Kopf (oder Bauch oder was auch immer) für Sex. Wenn es Momente gegeben hat, in denen wir Sex hätten haben können, dann war das Aufholen des Schlafes immer Prio eins – bei uns beiden!

Und an dieser Stelle beginnst du langsam zu ahnen, was Paare meinen, wenn sie sagen, seitdem sie Kinder haben, habe sich ihr Sexleben verändert. Sie meinen damit: Es ist zum Erliegen gekommen. ★

Frage 17

Ich finde Wickeln so eklig! Wie komme ich bloß aus der Nummer raus?

Offen gesprochen, habe ich das auch lange gedacht (und gesagt). Aber das Entscheidende ist dann doch: Es ist dein Kind, und es ist einfach nicht so dramatisch, wenn dich DEINE Kinder anpinkeln oder anka… (was mir allerdings nur zweimal passiert ist – seitdem trage ich immer eine [Plastik-]Schürze, übrigens sehr zu empfehlen!).

Ich habe sogar irgendwann mit Freude gewickelt – zumindest so lange, bis der Pastinakenbrei oben reinging und unten wieder rauskam und auch später das Fleisch deutlich auszumachen war. Ein bisschen hat mich das stolz gemacht. Vor allem, weil ich irgendwann mit *einer* Hand wickeln konnte, jawoll! Und bis heute bin ich wickeltauglich und kann bei fremden Kindern einspringen, wenn es nötig ist. Aber bitte, bitte nicht als Aufforderung verstehen und auch nicht an meine Freunde weitertragen! Die nehmen das nachher noch wörtlich …

Ein kurzer Hinweis an dieser Stelle an euch, liebe Männer: Drücken ist keine Option! Denn Mütter haben den sogenannten Wickelzähler eingebaut, der so denkwürdige Dialoge produziert wie einmal nachts um eins bei uns:

Er: „Du bist dran."
Sie: „Nee, ich war das letzte Mal."
Er: „Wirklich?"
Sie: „Ja, wirklich. Es steht fünf zu null."
Deshalb: Kommt nicht auf die Idee, dass eure Frauen nicht wüssten, wie oft ihr schon gewickelt habt und wie oft nicht – das gilt übrigens für alle Tätigkeiten, die ihr euch so teilt. Aber das ist eine andere Geschichte …

Tatsächlich ist das Thema „Wickeln" ein hochsensibles, und insbesondere Mann kann da (wie immer) viel falsch machen, wenn er sich nicht damit auseinandersetzt und unreflektiert an die Sache herangeht. Unsere Hebamme Claudia Leder-Appiah weist uns nämlich darauf hin: „Alle können wickeln, egal ob Mama oder Papa. Und Hebammen achten auch darauf, die Papas gut darin anzuleiten. Du kannst es eklig finden, klar. Aber schau dir dein Kind doch mal an! Es gibt dir so viel zurück. Wenn du das Wickeln deinem Kind zuliebe machst, weil es auf dich angewiesen ist und sich wohlfühlen soll, wirst du sicher einen anderen Bezug dazu entwickeln."

Apropos „keine Option": Babys die Windel zu wechseln und dabei zu vermitteln, dass dies eine eklige Handlung ist und dass es uns widerstrebt oder unangenehm ist, kann sich auf ihre Selbstwahrnehmung auswirken (ja, habe ich alles während der Recherche gelernt!). Unsere Kinder wollen schlicht und einfach von uns geliebt und geachtet werden, und sie wollen uns kein schlechtes Gefühl machen oder uns gar das Gefühl vermitteln, dass wir uns vor ihnen ekeln müssten. Also kurzum: Reiß dich zusammen! :-)

Und so eklig wir es vielleicht auch weiterhin finden, was sich in der Windel unseres Sprösslings verbirgt, nach außen hin geben wir uns bitte schön erwachsen (denn das sind wir hoffentlich, wenn wir ein Kind bekommen) und sagen (also laut): „Körperausscheidungen sind etwas ganz Natürliches und einfach ein Rest des Verdauungsprozesses" (und denken dabei: *würg!*).

Fazit: Wie schon meine Oma sagte: „Wat mutt, dat mutt und auch hintenraus!" Und noch ein kleiner Tipp: Je professioneller und routinierter man wickelt, desto schneller ist es vorbei. ⭐

Frage 18

Muss man wirklich bis zur Windel alles anders machen als früher, um heute gute Eltern zu sein?

Die Superwindel der Zukunft ist supersaugstark, umweltfreundlich zu entsorgen, vorher mehrmals wiederverwendbar ohne Auswaschen, komplett geruchsbindend, dabei chemisch völlig einwandfrei für den Baby-Popo und ganz schadstoff- und parfümfrei, sie ist kostenlos und sieht dazu noch supertoll aus – und duftet wahlweise nach Chips (für die Eltern) oder Schlumpf (für die Kinder). Jetzt fragt ihr euch natürlich, wie Schlumpf riecht, aber das ist ein anderes Thema ...

Das Riesenproblem ist: Leider ist mir gerade der Name der Marke entfallen, den reiche ich euch nächste Woche im Chat aber nach ...

Im Ernst: Die Superwindel gibt es (noch) nicht und wird es wahrscheinlich auch nie geben. Was es gibt, sind viele verschiedene Windeln mit allen Vor- und Nachteilen – und das riecht nach kontroversen Positionen. Gutes Wortspiel, oder?

Im Wesentlichen läuft es auf eine Frage hinaus: Textil- oder Einwegwindel?

Die Einwegwindel hält in der Regel dicht, man kann sie überall kaufen, sehr gut im Preis vergleichen und am Ende wegwerfen. Genau das ist aber auch das Problem, neben den Kosten: Je nach Marke kommen 1000 Euro und mehr zusammen, bis das Kind auf die Toilette geht. Und: Täglich landen in Deutschland etwa acht Millionen Windeln auf dem Müll.

Darum sind Stoffwindeln für immer mehr Eltern eine Alternative, da diese unter Umständen die Umwelt weniger belasten als Wegwerfwindeln und kostengünstiger sind als jede Wegwerfwindel, weil sie wiederverwendbar sind. Theoretisch.

Oder aber ganz anders: Freunde von mir, ein alternatives Pärchen, die bekommen jetzt ein Kind. Beim Abendessen erzählten sie: „Unser Leander wird keine Windeln benutzen." Ich habe mich fast verschluckt. Sagt sie: „Es gibt eine Technik, da erkennt man am Gesicht des Kindes, wenn es muss." Dazu entgegnete ich aus Erfahrung: „Ja, das stimmt, aber dann ist es schon zu spät." Sagt er: „Nein, Jörg, du verstehst das nicht. Es gibt Naturvölker in Asien und Afrika, da erkennen die Mütter das rechtzeitig und halten das Kind dann so ab." Denke ich: *Ja, dann viel Spaß damit in der U3!* Aber was sagst du da? Nichts oder du stammelst: „Interessant ..." Denn auch hier gilt ja, du kannst Freunden nicht einfach in die Erziehung reinreden, sonst bist du am Ende wie deine Schwiegereltern – und deine Freunde sind sich dann bestimmt einig, dass du ihr Haus verlassen musst ...

Wofür wir uns entschieden haben? Schimpft mich Umweltsau, aber wir haben die einfache Wegwerfwindel gewählt. Nicht mal öko. Weil wir bequem sind (und nicht zu viel Geld ausgeben wollten): Die ist immer verfügbar und gegenüber den Stoffwindel viel einfacher zu händeln. Habt ihr schon mal eine Stoffwindel nach dem Waschen aufgehängt? Die, die wir getestet haben, waren so groß wie zwei Handtücher! Kostentechnisch tut sich das übrigens nichts: Eine britische Studie kommt zu dem Ergebnis, dass die Kosten bei Wegwerf- und Stoffwindeln tatsächlich ungefähr gleich ausfallen. Die einen sind teurer in der Anschaffung und durchs Waschen, die anderen durch die schiere Masse.

Oh Gott, ich glaube, ich habe in meinem Leben schon Hunderte kiloschwere (volle) Windeln gewechselt! ★

Frage 19

Wieso hat mich keiner vor dem Schlafentzug gewarnt?

Ich habe es vielleicht schon mal gesagt, aber ich kann es nicht oft genug wiederholen: Kinder zu haben ist super! Wenn ein kleiner Mensch, eine kleine Menschin auf die Welt kommt – das ist mit das Tollste, was ich jemals erlebt habe. Aber es ist auch so, dass sich mein Leben von Grund auf verändert hat, seitdem ich Kinder habe.

Ein Kind ist da und schreit. Und das kann manchmal ganz schön anstrengend sein. Ich habe immer gedacht: Ich bin ein Mann, ein Vater, ich schaffe das! Das haben vor mir schon viele Väter geschafft, und auch nach mir werden sie es schaffen.

Klar haben sie das, klar werden sie das – aber wie viele Väter sich in Hobbys wie Holzhacken, Zeitunglesen oder einfach nur Saufen flüchten, wegen der vielen An- und Ausfälle, der psychotischen Schübe der lieben Kleinen, wird dabei in keiner Statistik erfasst. Und das sind die Glücklichen. Die anderen sind immer müde.

Schlafentzug ist nicht umsonst eine bewährte Form der Folter. Auch ich habe unter Schlafentzug schon Dinge gestanden, die ich gar nicht getan habe:

Ich hatte NICHT die Kekse aufgegessen.
Ich hatte NICHT vergessen, das Bad zu wischen.
Ich hatte NICHT die leere Bierdose in den Wickeleimer fallen lassen.
DAS waren ALLES die Kinder!

Nun, ihr solltet wissen, was eurem Körper ohne Schlaf passiert:
24 Stunden ohne Schlaf bedeuten, dass euer Gehirn Informationen nicht mehr so schnell wie sonst verarbeitet. Wer schreit? Unser Kind! Echt?

Und: Das Gehirn kann zu diesem Zeitpunkt wichtige und unwichtige Reize schlechter auseinanderhalten, wir können uns schlechter konzentrieren, reagieren langsamer auf unvorhergesehene Ereignisse, sind leichter reizbar, und es macht uns nicht mehr so viel aus, Risiken einzugehen. Gib Gas, die Ampel schaffst du noch!

Wichtig für alle Frauen und Männer: Die Übermüdung führt dazu, dass das Belohnungszentrum im Gehirn aktiviert wird. Die Lust insbesondere auf kalorienreiches Essen steigt. Wo zum Teufel habe ich bloß die Schokolade versteckt?

Nach 48 Stunden Schlafentzug hat der Körper ungefähr 50 Prozent seiner Leistungsfähigkeit eingebüßt. Er schaltet auf Stress, was sich nun auch in körperlichen Symptomen zeigt: Herzschlag und Blutdruck steigen. Keine Ahnung, wo ich das Kind hingelegt habe. Eben war es doch noch da!

Es fällt uns schwerer, uns sprachlich klar auszudrücken: Wir vergessen mehr Worte, machen Satzbaufehler oder verlieren den Faden. Also wie in einer Talkrunde bei RTL 2 …

Oder wir fallen in kurze, oft nur sekundenlange Schlafphasen: „Was hast du gesagt?"

Wer 72 Stunden nicht geschlafen hat, mutiert kognitiv zu einem Zombie: benommen, weder wach noch schlafend, Eltern halt. Auch Angstzustände, Paranoia und depressive Verstimmungen sind möglich: „Ich bin Vater, helfen Sie mir!" ★

Frage 20

Kann ich mich bei Schlafmangel krankmelden?

Die Frage ist doch: Ist Schlafmangel gesundheitsschädlich?

Ich würde sagen, das kommt darauf an, aus welcher Perspektive man es betrachtet. Wenn man zum Beispiel gegen einen Baum fährt, weil man übermüdet ist, ist das ganz sicher gesundheitsschädlich.

Aber lassen wir Dr. Richard Krüger etwas professioneller darauf antworten: „Übermüdung und ständig aus dem Schlaf gerissen zu werden, hat zunächst vor allem psychische Konsequenzen wie Konzentrationsschwäche und zunehmende Reizbarkeit. Jahrelanger Schlafmangel oder häufiger Wechsel des Schlaf-wach-Rhythmus (z. B. durch Schichtdienst) kann jedoch zur Belastung für das Herz-Kreislauf-System werden und zu chronischen Krankheiten wie Bluthochdruck und Depression führen."

Dennoch: Schlafmangel, aus welchen Gründen auch immer, ist kein triftiger Grund, der Arbeit fernzubleiben, denn man gilt übermüdet offiziell und medizinisch gesehen nicht als *krank*. Wenn allerdings die Schlaflosigkeit zur Begleitung einer Krankheit wird wie Depression oder Burn-out, sieht die Sachlage anders aus.

Also müssen wir uns offenbar selbst helfen. Meine Faustregel ist darum: 24 Stunden ohne Schlaf: geht noch. 48 Stunden ohne Schlaf: grenzwertig. 72 Stunden ohne Schlaf: eingeschlafen. So geht's doch auch. ★

Nach
der
GEBURT

Frage 21

Darf ich meine Schwiegermutter rausschmeißen, wenn sie sich ungefragt in die Erziehung einmischt?

Ehrlich gesagt, ja. Und natürlich auch, wenn sie es gefragt tut und uns die Antwort nicht gefällt. Rechtsexpertin Susanne Blumenthal sagt zu der Angelegenheit: „Die Schwiegermutter und jeden anderen auch kann man aus der Wohnung schicken, wenn sie sich so verhält, wie man selbst es nicht möchte. Sofern es sich allerdings um eine Wohnung oder ein Haus handelt, dass beiden Eltern je zur Hälfte zusteht, sollte auch der Partner oder die Partnerin mit dem Rausschmiss einverstanden sein. Sonst könnte er*sie die Anweisung unterbinden, denn er*sie darf genauso über sein*ihr Wohneigentum verfügen, wie derjenige*diejenige, der*die den Rauswurf ausspricht …"

Merke: Mit der Schwiegermutter nur außer Haus treffen. Obwohl, dann einfach wegzugehen ist auch keine Option – dann dreht Schwiegervater durch!

Tja, (Schwieger-)Eltern … Sie sind diejenigen, die uns mit ihren Weisheiten und Geschichten aufwachsen ließen, aber auch diejenigen, die uns in den Wahnsinn treiben können, wenn sie sich in unsere eigene Elternschaft einmischen.

Schwiegermütter sind dabei wirklich ein Thema für sich. Ich habe eine, die sagt immer: „Ich habe das gut gemacht." Wohlgemerkt: Sie meint wirklich sich! Und die Schwiegermutter eines meiner besten Freunde meinte nach der Trennung von seiner Frau zu ihrer Enkelin: „Na ja, sei froh, dass deine Mutter nur fremdgegangen und nicht tot ist. Früher im Krieg …" Ohne Worte, oder?

Die eigenen Eltern stehen den Schwiegereltern jedoch oftmals in nichts nach. So versucht mein Vater, meine Kinder so zu erziehen wie mich – also streng. Wenn es nicht klappt, wie er es sich vorstellt, beschwert er sich bei mir: „Die Kinder sind schlecht erzogen!"

Generell gilt: andere Zeiten, andere Erziehungsmethoden. Ich persönlich finde es interessant, mir die Philosophie hinter der Erziehungsmethode meiner Eltern anzuhören (allein schon, weil es mir hilft, den Unsinn, den diese Erziehung in meiner Jugend anrichtete, besser zu verstehen). Trotzdem entscheide bei unseren Kindern immer noch ich (beziehungsweise meine Frau)!

Ich habe mal gelesen, dass Kinder sehr gut verstehen können, dass bei Oma und Opa andere Regeln gelten als bei Mama und Papa. Allerdings sind verschiedene Anweisungen von verschiedenen Bezugspersonen, die sich widersprechen, nicht zielführend. Hier sollte man das Gespräch mit den Schwiegereltern suchen und deutlich machen, wer letztlich das Sagen hat. Also ich, wir, die Eltern!

Es geht also darum, klare Grenzen zu setzen und ihnen zu sagen, dass wir ihre Meinung schätzen, aber wir es auch sind, die letztendlich die Entscheidungen treffen, wenn es um unsere Kinder geht. Helfen kann auch, zu erklären, warum wir bestimmte Dinge wie entscheiden und tun.

Und wenn alles andere fehlschlägt, kann ein guter Witz die Spannungen lösen und das Eis brechen. Zum Beispiel: „Ich weiß, dass du immer das Beste willst, aber wenn wir alle dasselbe machen würden, wäre es kein Abenteuer mehr, oder?" Genau mein Humor! Vergesst jedenfalls nicht, euer Anliegen charmant und freundlich an die (Schwieger-)Eltern zu bringen, sonst werdet ihr wahrscheinlich einen Anruf von der Familientherapeutin bekommen ... Habe ich gehört! ★

Frage 22

Darf ich am Hintern meines Kindes riechen, um zu erfahren, ob etwas in der Windel ist?

Um herauszubekommen, ob ein Kind etwas in der Windel hat, reicht bei mir der Geruch aus der Ferne. Ich bin nämlich, ehrlich gesagt, jemand, der sehr gut riechen kann. Einmal hat mein Sohn gesagt: „Papa, du bist ein Kandidat für die Kategorie ‚nutzlose Superhelden'. Deine Superkraft ist Riechen." Da hatte er gerade einen fahren lassen, und ich konnte ihm genau sagen, in welche Richtung. Aber was tun, wenn man diese Superkraft nicht besitzt?

Folgendes Bild habe ich gaaanz lange nicht aus dem Kopf bekommen: Elegant gekleidete Menschen heben in einem Restaurant ihr Baby aus dem Kinderwagen, den Po in Kopfhöhe – und schnüffeln am Kinderhintern. Was für ein Eingriff in die Intimsphäre ALLER Beteiligten!

An der Stelle der Hinweis: Riechen ist out, wenn Fragen nicht geht. Und: Fragen ist grundsätzlich auch out. Denn wir können unserem Kind ganz einfach *sagen*, dass wir gern kurz mit ihm ins Bad gehen würden, um *nachzusehen*, ob etwas in der Windel ist und sie gewechselt werden muss. Der Vorteil: Ich stelle nicht die Frage, ob das Kind in die Windel gemacht hat. Denn was, wenn es mit „Nein" antwortet, obwohl es das sehr wohl getan hat. Das wird dann für alle doof.

Frage 23

Ist es normal, dass mein Kind mit drei Jahren noch nicht trocken ist?

Die Panik ist groß: Was tun, wenn das Kind zu den „Großen" in den Kindergarten kommt und noch nicht trocken ist? Es wie die Großeltern oder sogar noch die eigenen Eltern machen und das Kind unter Druck setzen und regelrecht darauf konditionieren, ohne Windel zu sein? Oder doch lieber abwarten, bis das Kind von selbst keine Windel mehr tragen will? Das klappt übrigens bei sehr willensstarken Kindern sehr viel früher und ist ein Riesenvorteil (neben dem Riesennachteil, dass sie sich jedes Mal auf den Boden schmeißen, wenn sie ihren Willen nicht bekommen!).

Mir hat unser Kinderarzt einmal gesagt, dass die meisten Kinder irgendwann zwischen zweieinhalb bis dreieinhalb Jahren *am Tag* keine Windel mehr bräuchten. Dass es auch nachts immer klappt, dauert allerdings meist noch ein Jahr länger. Aber klar, mit zwölf (Jahren, nicht Monaten!) würde ich mir schon noch mal Gedanken machen …

Spaß beiseite! Warum dauert es manchmal so viel länger als bei gefühlt allen anderen Kindern? Kinderärztin Dr. med. Catharina Amarell erklärt das so: „Es erfordert viel Körperwahrnehmung und Kontrolle, damit euer Kind lernen kann, den Schließmuskel zu schließen, wenn der Harndrang kommt, ihn zu halten und dann, wenn es auf dem Klo sitzt, plötzlich wieder loszulassen. Der Weg dahin ist bei jedem Kind anders, beim einen schneller, beim anderen (auch durchaus viel) langsamer. Es gibt Kinder, die lernen ‚versteckt', und von einem Tag auf den anderen sind sie ‚trocken'. Andere gehen vielleicht schon ab und zu aufs Töpfchen und dann gar nicht mehr – weil dann erst mal ein anderer Entwicklungsschritt ansteht. Druck solltet ihr darum niemals auf euer Kind ausüben."

Soll ich euch etwas sagen? Ich bin bei dem Thema auch ganz entspannt. Warum? Weil ich tatsächlich (nach dem Studium unzähliger Ratgeber und Artikel) gelernt habe: Jedes Kind hat sein eigenes Tempo. Vielleicht habe ich das hier irgendwo schon mal geschrieben, und deshalb ist es immer noch richtig. Und ja: Das Gefasel der anderen Leute setzt euch natürlich unter Druck, aber am Ende kann euch das völlig egal sein, denn: Irgendwann wird jedes Kind trocken! ★

Frage 24

Den ganzen Tag nur Eltern sein – wo bleibt da noch Zeit (und Lust) für Sex?

Nach 15 Jahren Ehe und als Vater von zwei Kindern werde ich oft gefragt: Hast du überhaupt noch Sex? Die Antwort ist einfach: Ja. Aber nicht besonders oft …

Das Problem ist doch: Wie kann man sich selbst und die andere noch sexy finden zwischen Spülmaschine und Po-Abwischen? Wie begehrenswert kann man noch sein, wenn man schon einmal morgens um sieben nackt eine Brotdose befüllt hat?

Dieses ganze Durcheinander mit den verschiedenen Rollen, die man spielen soll: Papa, Ehemann, Liebhaber und Ernährer. Manchmal weiß ich gar nicht mehr: Wann bin ich was? Die Rolle „Liebhaber" gibt's übrigens eigentlich gar nicht mehr. Nach 15 Jahren Ehe ist ja auch das Überraschungsmoment weg. Meine Frau kennt doch alles. Was soll da in meiner Hose schon sein? Die Riesenüberraschung? Zwei Brüste?

Und der zweite Grund ist: Wir haben einfach keine Zeit! Meine Rechnung geht bei Kleinkindern so: Zehn Stunden am Tag kümmern wir uns um die Kinder: zur Kita bringen, abholen, wickeln, waschen, füttern, ins Bett bringen. Sieben Stunden arbeiten wir, eine Stunde Haushalt, dann die Mahlzeiten. Und fünfeinhalb Stunden schlafen wir. Jeder und jede für sich. Am Ende bleiben vom ganzen Tag vier Minuten für Sex. Okay, das ist für mich als Mann machbar! Aber stattdessen ruft bei uns in diesen vier Minuten meine Mutter an und fragt, warum ich mich so lange nicht gemeldet habe. Ach ja, Sohn bin ich ja auch noch …

Neulich kam mal wieder irgendetwas (vielleicht meine Mutter) dazwischen. Und da habe ich zu meiner Frau gesagt: „Jetzt ist es so weit. Jetzt melde ich mich bei einem Seitensprung-Portal an." Sagt sie: „Die Zeit hast du gar nicht: Die Anmeldung dauert mindestens fünf Minuten."
Was will ich damit sagen? Dazu leihe ich mir jetzt einfach mal die Worte

von jemand anderem, Erziehungsberaterin und Mama-Coachin Imke Dohmen: „Es passiert nicht automatisch, dass wir uns eine Flasche Wein schnappen und uns an den Elbstrand (oder in den Weinberg) setzen, wenn wir Kinder haben. Wir müssen diese Momente gezielt herbeiführen."

Wir haben nach der Geburt einmal in der Woche einen Abend nur für uns eingeführt. Da konnte man sich anschreien oder gepflegt aus dem Weg gehen oder … Nein, im Ernst: Wir haben an diesem Abend immer schöne Sachen gemacht wie essen gehen oder ins Theater und haben uns einfach als Paar (wieder-)gefunden. Jetzt, wo die Kinder älter sind, haben wir insgesamt wieder mehr Zeit für uns, und ab und zu gönnen wir uns immer noch diesen Abend ganz für uns allein.

Coachin Dohmen empfiehlt: „An diesem Tag kann man sich zusammensetzen, miteinander reden, sich ein Thema vornehmen. Man sollte sich gegenseitig zuhören, den anderen nicht unterbrechen. Es ist schön und wichtig, dann nicht nur (oder sogar mal gar nicht) über die Kinder zu sprechen, sondern darüber, wie es im Job läuft, wie es einem eigentlich geht, über Sorgen, Zukunftsvisionen, Herausforderungen, Ängste, die der oder die andere vielleicht empfindet und mit sich herumschleppt. Im Alltag zwischen Job, Kindern und Haushalt bleibt für solcherlei Gespräche in den seltensten Fällen Zeit."

Ob man sich zu Hause hinsetzt, wenn die Kinder schlafen oder verabredet sind, oder sich einen Babysitter organisiert und eine Date-Night in einem Restaurant daraus macht, bleibt jedem und jeder selbst überlassen.

Aber noch mal das Wichtigste zum Schluss, denn das ist die Voraussetzung: Diese Zeit *schenkt* dir keiner, die musst du dir nehmen, die muss man planen – sonst passiert gar nichts. Die Nähe kommt dann schon von ganz allein zurück. ✦

Frage 25

Sind wir schlechte Eltern, weil wir unsere Kinder stundenlang vor den Fernseher setzen, um mal unsere Ruhe zu haben?

Was heißt hier „stundenlang", meiner Frau würden schon zehn Minuten reichen! Mir fünf ...

Deshalb: Wenn Kinder fernsehen, ist das gut für die Nerven. *Meine* Nerven.

Erziehungsberaterin und Mama-Coachin Imke Dohmen sagt dazu: „Wenn nun natürlich die Mutter oder der Vater die ganze Woche allein ist mit dem Kind oder den Kindern und mit den Nerven zu Fuß ist, dann muss er oder sie für sich sorgen, keine Frage." Und da kann es eben mal ein Kompromiss sein, das Kind zwanzig Minuten vor dem TV zu „parken".

Ich empfehle dazu übrigens Schlaumach-Fernsehen wie die „Sendung mit der Maus" oder „Anna und die wilden Tiere". Die Lieblingssendung meiner Kinder ist ja „Willi wills wissen." Willi ist ein total smarter Mittdreißiger, der alle möglichen Themen kindgerecht erklärt, der immer alles weiß, perfekt vorbereitet ist und grinst wie in einer Werbung für eine beschissene Zahnpasta. *Der* erklärt meinen Kindern die Welt. Und 25 Minuten lang hören sie dem zu – am Stück! Bei mir nicht mal fünf Minuten! Wenn ich die da so vorm Fernseher sitzen sehe, dann werde ich direkt eifersüchtig.

Überhaupt: Was hat das Fernsehen, was ich nicht habe? Zeit? Geduld? Liebe?

Meine Frau tröstet mich dann immer: „Sie lernen immerhin etwas dabei." Aber was denn? Berufe, die keiner braucht: Lukas, der Lokomotivführer (hey, mein Sohn soll nicht immer streiken!), Bob, der Baumeister (vergiss es, die polnischen Handwerker sind eh billiger). Warum nicht

Harry, der Hartz-IV-Empfänger? Eine halbstündige Sendung über einen Typen, der auf der Couch liegt und durch Serien zappt. Aber wie langweilig wären Serien über echte Berufe? Gerhard, der GEZ-Eintreiber? Petra, die Parkraum-Überwacherin? Karla, die Krankenkassenfachangestellte?

Von meinen eigenen Befindlichkeiten mal abgesehen: Ist das pädagogisch überhaupt zu empfehlen? Eigentlich weiß man doch noch aus der eigenen Kindheit, Fernsehen macht dumm. Und ich merke auch, dass der aktive Wortschatz meiner Kinder durch Serien wie „Zoés Zauberschrank" nicht wirklich erweitert wird. In dieser Serie steigen drei Kinder in einen Schrank und erleben Abenteuer. Ich persönlich finde das merkwürdig: Mein Kind sollte nicht lernen, dass es okay ist, in einen Schrank zu steigen, wenn man der Realität entfliehen will – so werden Psychopathen gemacht!

Dohmen erklärt etwas fachgerechter: „Generell ist Fernsehen für Kinder keine gute Sache. Denn sie müssen sich bis zum Vorschulalter unmittelbar gespiegelt sehen. Das monotone Auf-die-Leinwand-Starren hilft bei ihrer Entwicklung gar nicht weiter. Sie singen mit, aber bekommen kein Feedback. Das ist nicht gut. Darum sollten kleine Kinder eigentlich gar nicht fernsehen. Und stundenlanges Fernsehen sollte kein Kind, bis ins Erwachsenenalter hinein (und nicht mal wir Erwachsenen, im besten Falle), denn das bringt nur das „Faultier-Gehirn" zum Vorschein. Wir lassen uns vom Fernsehen berieseln, sind lethargisch."

Verstehe … Darum lässt unser Zahnarzt bei der Behandlung immer „Bob der Baumeister" laufen. Das ist wie Vollnarkose. Der könnte bei den Kindern alles machen: bohren, Zähne ziehen, Wurzelbehandlung …

Und das Schlimmste kommt ja noch: Die sitzen zwar still, aber im Kopf kracht es die ganze Zeit! Und wehe, wenn der Fernseher dann ausgeschaltet wird. Dann ist es andersrum: Kopf leer, Kind im Krachmodus. Die Fernbedienung schaltet den Fernseher aus und meine Kinder an:

Das ist eine *Kinder*-Fernbedienung!

Und vorher muss ich *alles organisiert* haben.

Das ist wie im alten Rom, kurz bevor die Löwen in die Arena gelassen wurden: Sind alle Käfige gesichert, alle Wärter auf ihrem Posten? Haben wir genug Christen?

Okay, „Tom und Jerry" aus, es geht los! Zum Glück habe ich eine Bonbonspur ins Kinderzimmer gelegt, alle Seitentüren mit Sofapolstern versperrt. Jetzt kommen sie: unterzuckert, aufgeputscht und irre!

Am Ende des Ganges wartet Opa, das (unwissende) Opfer. Oder auch besser bekannt als Spartacus. Ey, nicht mein Problem, der sagt immer: „Lass mich mal mehr mit den Enkeln spielen!"

Sie sind drin, Tür zu. Dann ist endlich Ruhe.

Bis das Telefon klingelt: Oma. Wo Opa steckt? Keine Ahnung. Der sucht seine Zähne. Aber die sind schon längst im Baumhaus.

Aber ehrlich, manchmal wünsche ich mir, ich könnte meine Kinder einfach vor den Fernseher setzen, bis sie 18 sind. In so einen Sitzsessel, *lazy boy*. Die brauchen ja auch gar nicht mehr aus dem Haus. Die erfahren alles übers Leben aus der Glotze: Dating lernen die bei „Herzblatt". Autofahren beim „Quiz-Taxi". Und Bildung vermittelt „Wer wird Millionär?"

Oder eben Willi. Später können sie noch mal Frauen tauschen. Oder ein Restaurant eröffnen. Und wenn sie sich verschulden, kommt Peter Zwegat sogar zu ihnen nach Hause. Den Umgang mit anderen Menschen lernen sie also auch. Früher oder später. ⭐

Frage 26

Warum sind Kinder so anstrengend?

Meine beiden Söhne müssen zweimal am Tag „bewegt werden". Das ist wie Gassi gehen. Sonst hauen die sich und machen Sachen kaputt: Meine Kinder können in zwei Minuten ein Matchboxauto so zerlegen, dass selbst der Hersteller es nicht mehr zusammenbauen kann. Die sind Profis!

Kinder langweilen sich einfach schneller. Ich habe noch nie ein Kind erlebt, das sagt: Einfach mal hinsetzen ... Nichts tun ... Schön ein kühles Bier trinken ...

Das bahnt sich so an: Die erste Stunde, wenn die zwei miteinander spielen, ist alles gut. Ich denke: „Wie schön!"

In der zweiten Stunde ändert sich schon der Ton: „Oh Mann, Feeelix!!"

In der dritten Stunde höre ich dann nur noch Geräusche von Dingen, die kaputt gehen: krach, knatsch, pamm. Übrigens: keine Schmerzensschreie. Denn das ist ja das Tolle: Die Kinder bleiben heil!

Warte ich jetzt bis zur vierten Stunde, dann ist es wie im Hochsicherheitsgefängnis: In das Zimmer komme ich nur noch in Vollschutz und mit Pfefferspray.

Wir müssen dann den Ort wechseln. Bevorzugt sind da Freunde mit Garten. Ganz ehrlich, wenn ich neue Eltern kennenlerne, frage ich nicht mehr nach Name, Alter und Beruf, sondern: „Habt ihr einen Garten?" Denn so einen Garten kriegen meine Kinder nicht mal eben in fünf Minuten kaputt. Dafür brauchen sie schon eine halbe Stunde. Und dann sind wir schon wieder weg. Wie die Russen bei Olympia. ★

Frage 27

Warum verstehen mich meine kinderlosen Freunde nicht (mehr)?

Ich war früher auch so: Plärrte ein Kind am Nachbartisch, habe ich aufgestöhnt: *Das muss man nur richtig erziehen!* Heute weiß ich: alles Bullshit – und vor allem gefährliches Halbwissen. Das aber meinen kinderlosen Freunden zu erklären, ist extrem schwierig.

Den ersten Riss gibt es schon bei der Geburt – und zwar bei den Geschenken. Denn Eltern schenken dir sinnvolle Sachen: Babyunterwäsche, Windeln, Kuscheltücher. Die wissen genau, was du brauchst. Das beste Geschenk, das wir jemals bekommen haben, war ein Carepaket. Nicht für die Kinder. Für uns. Da waren drin: Sixpack Valium, Chloroform (ich sage nicht, für wen) und Ersatznerven sowie Da-rein-da-raus-Ohren (hey, ich mache nur Spaß!).

Kinderlose schenken Chucks, also Converse-Turnschuhe in Größe eins. Das sind Turnschuhe für Babys, die noch gar nicht laufen können … Was sagst du da als Eltern? „Danke, das ist super für seine Wandertour nächste Woche!" Im Ernst: Was helfen mir Schuhe, wenn ich damit beschäftigt bin: Wie wickle ich das Baby, wie bringe ich es dazu, dass es aufhört zu schreien, und dem ganzen Rest?

Eine Zeit lang versucht man dann noch, Sachen zusammen zu machen. Ein Freund rief mich neulich an und fragte: „Ey, wollen wir nicht brunchen gehen? So ab elf?" Was ist elf Uhr für eine Zeit für Eltern? Eine Scheißzeit! Denn deine Kinder sind ja schon seit mindestens fünf Stunden wach, um sieben haben wir gefrühstückt und um zwölf gibt es schon wieder Mittagessen. Was soll ich da beim Brunch?

Für Kinderlose ist elf Uhr natürlich toll: Dein Wake-up-Light ist gerade angegangen, sanfte Bambusklänge erfüllen den Raum …

Ich habe aber kein Wake-up-Light, ich habe ein Wake-up-Kid: Papa, ich bin wach! Das hat keinen Regler, es gibt nur null oder hundert.

Liebe Kinderlose, dieser Absatz ist (wie im Vorwort angekündigt) nur für euch: Wisst ihr eigentlich, wie mein Alltag als Vater am Wochenende aussieht? Wenn ich mich frühmorgens um sechs Uhr in die Küche schleiche, um einen Kaffee zu machen, den ich meiner Frau ans Bett bringen möchte, dann steht da der erste kleine Mann: „Papa, ich kann meinen Legomann nicht finden!" Und dann suche ich den Legomann. Und dann steht da der zweite kleine Mann: „Ich muss auf die Toilette!" Also begleite ich ihn auf die Toilette. Nebenbei räume ich die Geschirrspülmaschine aus, beantworte Nachrichten, mache den Kaffee ...

   Und wenn ich dann auf die Uhr schaue, ist es 06:02 Uhr! ★

Frage 28

Sind wir schlechte Eltern, wenn wir es langweilig finden, mit unserem Kind zu spielen?

Es kam der Tag, an dem meine Frau mich beiseitenahm und sagte: „Jörg, du reist durch die Welt und trittst auf der großen Bühne auf – und ich sitze hier den ganzen Tag mit den Kindern. Wenn wir nicht bald tauschen, verliere ich meinen aktiven Wortschatz!"

Was das mit der Frage zu tun hat? Sehr viel! Denn wenn du immer nur in der Bubu- und Kacka-Welt lebst, mit dem Sandmann herumreist oder es mit Willi wissen willst, dann landest du irgendwann im Irrenhaus. Und natürlich gibt es Väter (und Mütter), die darin aufgehen, also nicht im Irrenhaus, sondern in der Spielewelt.

Ein Freund von mir baute erst eine Schaukel, dann eine Rutsche, dann eine Wippe und schließlich das Vollholz-Baumhaus. Das war klasse und auch vorausschauend, denn da konnte er nach der Scheidung drin wohnen.

Es gibt unermüdliche Väter und Mütter, denen kein Weg zu weit, kein Spiel zu doof und keine Fantasie zu abgehoben ist, um sie umzusetzen. Unvergessen der Vater, der als Einhorn verkleidet beim Nachbarn nach Zucker fragte ...
Ich gehöre zu den anderen.

Und unsere Erziehungsberaterin Imke Dohmen fasst meine Haltung ganz gut zusammen, wie ich finde: „Einige Eltern schreckt das Spielen mit dem Kind so sehr ab, dass sie regelrecht auf der Flucht sind vor ihrem Kind, um nicht mit ihm spielen zu müssen."

Es ist doch so, zu meiner und unser aller Verteidigung: Wir haben einfach ganz andere Interessen. Oft sind das nicht mal unsere Bedürfnisse, sondern die uns antreibenden To-do-Listen, die erledigt werden müssen. Da erscheint uns das Spielen als Zeitverschwendung.

Imke Dohmen aber erklärt: „Gerade bei kleinen Kindern ist es wichtig zu erkennen, worum es eigentlich geht: Da geht es dann gar nicht um ein besonders langes Spiel, sondern schlicht um die Tatsache, dass sie nicht allein sein wollen. Das ist dann ein Bedürfnis des Kindes, welchem wir sicherlich ein Stück weit mit einem Kompromiss begegnen können. Zum Beispiel können wir eine Zeit festlegen, in der wir uns mit voller Aufmerksamkeit unserem Kind widmen. Um danach wieder andere Dinge zu machen."

Und älteren Kindern, die vielleicht über Langeweile klagen, sage ich ganz erwachsen: „Leerlauf zu haben ist niemals etwas Schlechtes, mein Großer, im Gegenteil. Es setzt Kreativität frei." Nachdem ich dann mit einem guten Gewissen die Kinderzimmertür von außen geschlossen habe, setze ich mich als Belohnung für meine erzieherische Meisterleistung erst mal eine Runde vor die Glotze.

Manchmal darf ich aber auch nicht gehen. Dann reicht es oft jedoch schon aus, dass ich einfach meine Gesellschaft anbiete, und wenn es nur im selben Raum ist. Es muss nicht immer Entertainment sein. Sage ich als Entertainer. Aber meine Kinder lachen einfach nicht so viel über mich wie mein Publikum. Und sie bezahlen keinen Eintritt.

Statt es jedoch überlegt und vernünftig anzugehen, zum Beispiel, indem man *rechtzeitig* in das Gespräch mit einer Erziehungsberaterin geht, sucht man händeringend nach dem oder der, der oder die all diese nervigen „Mir ist langweilig! Was können wir machen?"-Fragen beantwortet. An dieser Stelle geht's dann meist um aktive Familienplanung. Das ist der Grund, warum so viele Kinder Geschwister haben, die drei oder vier Jahre jünger sind.

Mein Tipp: Schon viel früher gleich das zweite Kind „hinterherschieben". Das ist am Anfang (und wahrscheinlich unterm Strich für immer) Hölle viel Arbeit, zahlt sich aber immerhin in dieser Phase des „Mir ist laaaangweilig!" aus. ★

Frage 29

Darf ich mit fremden Kindern schimpfen?

Das Problem sind oftmals nicht mal die anderen Kinder, sondern die anderen Eltern. Zum Beispiel bei einem Fußballspiel. Kennt ihr das, wenn Eltern am Spielfeldrand stehen und schreien: „Mach ihn rein, Junge, mach ihn rein! Jetzt beweg dich!" Und ein Vater hat neulich zu mir gesagt: „Jörg, einer muss doch jetzt da mal hingehen und dem Sohn eine knallen, damit der den Ernst der Lage begreift. Und ich so: „Okay, ich opfere mich, ich hau deinem Sohn eine rein."

Fußballeltern sind übrigens auch der Grund, warum ich schon früh gehofft habe, dass mein Sohn eine Sportart wählt wie Schach. Da ruft nämlich keiner rein: „Zieh den Turm, mein Gott, zieh den Turm! Der ist matt, das siehste doch!"

Aber jetzt bin ich abgeschweift ... Neulich haben zwei Jungs mit Eisenstangen auf das Wellblechdach des Fahrradständers an der Schule eingeschlagen, an der mein Sohn externen Musikunterricht hat. Ich war der einzige Erwachsene weit und breit und habe sie ermahnt. Der eine kackfrech: „Du bist nicht mein Papa!"

Da ich weiß, dass es besser ist, sich nicht provozieren zu lassen, tief durchzuatmen, sich auf keinerlei Diskussion einzulassen und natürlich keine Gewalt anzudrohen (denn das wäre strafbar), habe ich nur entgegnet: „Hörst du die Sirene?" Ich hätte sogar schimpfen dürfen, sagte Rechtsanwältin Susanne Blumenthal mir in einem Gespräch. „In angemessener Art und Weise." Aber auch diese Aussage ist mit Vorsicht zu genießen, denn wie Blumenthal hinzufügt: „Streng genommen dürfen Sie nur eingreifen, wenn etwas kaputt gemacht wird oder Sie Zeuge einer Straftat werden. Schon eine Ermahnung auf dem Spielplatz kann heikel werden, wenn die Erziehungsberechtigten dabei sind. Denn eigentlich obliegt es ihnen, einzugreifen. Sie müssen also in diesem Fall das Gespräch suchen. Ob das hilft, steht auf einem anderen Blatt Papier ..." ★

Frage 30

Muss ich wirklich zum Elternabend?

Sie sind gefürchtet. Ich meine nicht die „richtigen" Elternabende. Die aber auch. Vor allem jedoch die Vorschul- und Grundschul-Elternabende beziehungsweise Informationsabende. Es ist proppenvoll, denn natürlich kommen immer beide Elternteile. Und stellen auch beide die Fragen. Manchmal sogar dieselben – so geht Emanzipation.

Die Fragen sind einfach unerträglich. Haben Sie glutenfreies Essen? Haben Sie koscheres Essen? Gib es einen Bus-Shuttle? Schülerlotsen? Wie viele Ampeln? Beste Geschichte war nämlich die einer Mutter, die die vorherige Schule verklagt hatte, weil ihr Kind eine Ampel überqueren musste, um zur Schule zu gelangen. In Worten: EINE! Den Blick der Direktorin, die sich überlegte, wie sie es anstellt, dass diese Mutter ihr Kind HIER NICHT einschult, werde ich nie vergessen.

Muss man auf diesen Elternabenden eigentlich immer irgendetwas sagen, um den Lehrern und Lehrerinnen im Gedächtnis zu bleiben? Das schaffe ich gar nicht, ich bin viel zu beschäftigt, mitzuschreiben ...

Wichtig ist natürlich auch, wie man wahrgenommen werden will ... Wie die Mutter, die stolz erzählte, dass sie mit ihrem Kind schon seit Wochen den Schulweg übe, weil es in Zukunft zu Fuß zur Schule gehen würde. Ich habe mich gefreut: „Endlich mal jemand, der nicht mit dem SUV sein Kind ins Klassenzimmer fährt, Respekt!" Und gerade als ich überlegte, in welchem Stadtteil die Familie wohl wohnt, fügte die Mutter hinzu: „Wir wohnen ja auch nur 68 Meter entfernt." 68 METER? Im Ernst? Du könntest dein Kind auch zur Schule werfen!

Aber es geht auch um wichtige Dinge beim Elternabend. Wie neulich bei unserem in der ersten Klasse. Ich musste hingehen, ich hatte bei

„Schnick, Schnack, Schnuck" mit meiner Frau verloren. Ein großes Thema für Eltern ist: Dinge verschwinden. Manchmal habe ich das Gefühl, das ist keine Schule, das ist ein schwarzes Loch. Du gibst etwas mit und *wusch*, ist es verschwunden. Deine Kinder gehen morgens mit Jacke, Hose und Schuhen zur Schule. Und kommen abends nackt wieder …
„Wo ist denn deine Jacke?" „Hab ich verloren."

Irgendwann ging es also um die Fundkiste in der Klasse. Und die Lehrerin sagt: „Das Kurioseste, was wir in unserer Fundkiste haben, ist eine grüne Unterhose." Wie ist die da reingekommen? In der ersten Klasse! Hat da einer gesagt: „Heute bring ich mal eine Unterhose für die Fundkiste mit"? Ich habe früher echt viel Unsinn gemacht in der Schule. Aber einen ganzen Tag ohne Unterhose? Herausfinden, ob die Lehrerin es merkt?

Die Mütter haben dann diskutiert, wie die Sachen durch die Schule wandern. Vom dritten in den ersten Stock und wieder zurück. Ich konnte nur an den Jungen denken, der im dritten Stock ohne Unterhose dasitzt.

Zum Abschluss ging es um die Projektwoche. Da gibt es eine ganze Woche, in der sich die Kinder mit spannenden Fragen beschäftigen, zum Beispiel: Wie konnten die Steinzeitmenschen graben ohne Schaufel? Wie macht man Ohrringe? Was ist der Urknall? Versteht mein Hamster mich? Und: Wo ist meine Unterhose? ★

Frage 31

Ist es normal, dass mein Kind so oft krank ist?

Kinder geben uns sooo viel: Keuchhusten, Masern und Erkältungen. Früher hatte ich höchstens zweimal im Jahr eine Erkältung, heute habe ich jeden Monat eine. Und zwar die schlimme mit Auswurf.

Wenn ich den schon sehe – diesen weißen DIN-A4-Zettel, er klebt am Haupteingang der Kita oder Schule und verkündet: „Wir haben Läuse!", „Wir haben Masern!". Irgendwie schwingt da für mich immer so ein bisschen Stolz mit. Seht her, wir können Masern, ihr nicht.

Und auf dem Zettel stehen nicht nur Läuse und Masern, sondern auch ganz exotische Namen, die ich noch nie vorher gehört habe: Hand-Fuß-Mund-Krankheit. Ich muss da immer an die Maul- und Klauenseuche denken – für Tiere.

Tja, Kinder geben einem sooo viel …

Zur Beruhigung lasse ich aber einmal unsere Kinderärztin Dr. med. Catharina Amarell zu Wort kommen: „Infekte sind im Kindesalter sehr häufig – das ist lästig, aber normal. Denn zu Beginn ist das Immunsystem eures Kindes noch so unerfahren wie euer Baby selbst. Es muss erst noch ‚lernen', und das macht euer Kind insbesondere in den ersten Jahren infektanfälliger."

Heißt: Besonders kleine Kinder haben nun mal oft Rotznasen und Husten, nicht selten gepaart mit Fieber. Bis zum zweiten Lebensjahr gelten vier bis zehn Atemwegsinfekte sogar als normal. Wenn die Kinder bereits im Kindergarten sind, sogar bis zu 13. Zudem können noch ein bis vier Magen-Darm-Infekte dazukommen. Kinder, die älter als zwei Jahre sind, erkranken im Durchschnitt vier- bis achtmal an Atemwegsinfekten und bis zu zweimal an Magen-Darm-Infekten im Jahr.

Da ein Hauptteil dieser Erkrankungen in der kälteren Jahreszeit auftritt und im Durchschnitt sieben bis zwölf Tage dauert, kann es schnell dazu kommen, dass „ein Infekt den nächsten jagt". Gefühlt ist euer Kind dann dauerkrank – das geht verständlicherweise an die Nerven von uns Eltern und unserer Kinder.

Und ich gehe dann IMMER zum Arzt. Allein schon, damit meine Frau mir keine Vorwürfe machen kann. Dabei haben Kinderärzte dieselben Tricks drauf wie Verkäuferinnen („Wenn es da nicht hängt, dann haben wir es nicht mehr"): abwiegeln („Wir beobachten das mal ein paar Tage, dann kommen Sie wieder") oder weiterreichen („Da ist etwas gebrochen, damit müssen Sie zum Chirurgen"). Und in den seltensten Fällen gibt es ein Rezept („Medikamente wollen wir in so jungem Alter nicht ver-schreiben"), denn meistens kommt man ja mit Hausmittelchen weiter beziehungsweise weiß, wie das Läuseshampoo heißt (Nyda) und was gegen Zahnen hilft (Dentinox). Es gibt Mütter, die führen immer eine ganze Globuli-Tasche mit sich: Globuli fürs Hinfallen, fürs Aufstehen, für Schnupfen, für Husten – die ganze Palette.

Ich persönlich glaube ja, Kinderärzte und -ärztinnen arbeiten einfach nur mit gesundem Menschenverstand und haben hauptsächlich eine einzige Aufgabe: uns Eltern zu beruhigen.

Wie meine Frau, die unseren zweijährigen Sohn aus Versehen aus der Tragetasche purzeln ließ, weil sie sie nicht richtig gegriffen hatte. Der schrie wie am Spieß und hatte eine Beule. Panisch rannte sie zur Kinder-arztpraxis und schlug bei der Sprechstundenhilfe Alarm: „Oh Gott, mein Kind stirbt!" Daraufhin die ganz cool: „Ich sehe hier nur eine, die fast stirbt. Ihr Sohn hat lediglich eine Beule."

Vielleicht noch ein Wort zum Schluss: Ausreichende Hygiene ist natürlich sehr wichtig (das wissen wir spätestens seit Corona), um gesund zu bleiben, aber das kindliche Immunsystem kann sich nur ausbilden, wenn es mit Keimen in Kontakt kommt. Denn nur durch den Kontakt mit Keimen lernt es, gute von schlechten Bakterien und Viren zu unterscheiden.

Also rein mit dem Kind in den Schweinestall und Tür zu! ★

Frage 32

Darf ich mich in die Erziehung meiner Freunde einmischen?

Neulich traf ich einen Nachbarn in der Tiefgarage. Seine Kinder (vier und fünf Jahre alt) saßen in einem Fahrradanhänger, der an sein eigenes Fahrrad gekoppelt war. Er wollte mit dem Fahrstuhl nach oben. Beruhigend redete er auf seine offenbar störrischen Kinder ein – die ihn komplett ignorierten. Als ich nach einer Stunde wieder runterkam, stand er immer noch da. Seine Kinder ignorierten ihn auch immer noch. Und er war jetzt *leicht* genervt. Ich überlegte, was ich tun würde – wahrscheinlich schreien.

Was will ich mit der Geschichte sagen? Jeder hat seinen eigenen Stil – und inzwischen auch seine eigene Philosophie. Meine Eltern waren noch streng, bei den Großeltern „setzte es auch mal was" – das ist heute undenkbar.

Leben und leben lassen wird immer dann schwer, wenn es konträr zu den eigenen Erziehungsmethoden läuft. Ein Beispiel: Ich habe Freunde, die sind tiefenentspannt bei dem Thema „Eis auf dem Sofa oder Kekse oder Krümel" – vor allem in fremden Wohnungen. Das Problem: Ich habe nur eine Couch, und wenn die schon Eisflecken bekommt, dann wenigstens von mir (also von meinen Kindern)!

Aber was tun? Eingreifen (und dastehen wie der Spießer, der peinlich darauf bedacht ist, das nix dreckig wird?). Oder die einfach nie wieder einladen (was ich am liebsten tun würde)? Aber es sind ja Freunde, an denen ich auch viele Dinge schätze …

Na ja, ich klebe jetzt jedes Mal die Wohnung ab und behaupte: „Morgen kommt der Maler!" Okay, ich gebe zu, ab dem dritten Mal wird es unglaubwürdig, aber dann sage ich einfach achselzuckend und augenrollend: „Na, ihr wisst schon, seit Corona haben die Maler doch nie Zeit!"

Scherz beiseite: Elternsein ist heute anders als noch vor dreißig, vierzig Jahren: Es gibt nicht den *einen* richtigen Weg ...

Manchmal habe ich das Gefühl, dass sich meine Eltern um viele Dinge einfach viel weniger Gedanken gemacht haben und dass wir so mitliefen. Da wurde viel über unsere Köpfe hinwegentschieden. Aber hat uns das geschadet und unseren Willen gebrochen oder war es eher eine Erleichterung für alle (mindestens für die Eltern)?

Wie auch immer: Eltern von heute scheinen viel mehr zu hinterfragen und die Dinge viel mehr zu durchdenken, die ihre Kinder betreffen. Sie wollen vieles anders machen als ihre eigenen Eltern (was ein Hinweis darauf sein könnte, dass uns die alten Erziehungsmethoden vielleicht nicht ganz so gutgetan haben, auf jeden Fall nicht ganz so gut gefallen). Aber sie sind auch unsicherer. Ist das falsch? Ich finde, nicht unbedingt.

Ich bin der Meinung: Natürlich sollte man Kindern möglichst früh Grenzen aufzeigen. Zum Beispiel, wenn es darum geht, nachts ins elterliche Bett zu kriechen. Das haben wir ganz gut geschafft: Unser jüngerer Sohn schläft immer noch bei uns – mit 27, äh, zwölf! Wir hatten in der entscheidenden Phase einfach nicht die Kraft, ihn schreien zu lassen, nächtelang.

Und während das Umgewöhnen ins eigene Bett und Zimmer beim ersten Sohn wirklich toll geklappt hat – wir haben eine Wiege auf Rollen eingesetzt und ihn darin ganz tricky von unserem Schlafzimmer einfach in seins geschoben –, hat es das beim zweiten überhaupt nicht.
Noch heute ist es, wie gesagt, so, dass er mitten in der Nacht kommt: „Ich kann nicht einschlafen!" Um dann, wenn er fünf Minuten in unserem Bett liegt, wegzunicken. Nur wir sind dann hellwach. Also meine Frau. Ich schlafe wie ein Stein, egal, was passiert. Und wundere mich dann morgens, wer alles im Bett liegt.

Ich weiß nicht, warum Kinder so unterschiedlich geraten – oder sind es die Eltern, die sich immer anders aufführen in ihrer ganzen Unsicherheit und Noch-Bessermacherei? Ich rate jedenfalls dringend zu Toleranz (und dazu, die Klappe zu halten), wenn ihr andere Eltern dabei beobachtet, wie sie ihren Nachwuchs eurer Meinung nach nach Strich und Faden verziehen. Denn alles hat seine Geschichte. Und meist sind die ziemlich witzig (natürlich nur für andere, nicht für die Eltern selbst). ★

Frage 33

Ist es okay, wenn ich mich im Bad einschließe, weil ich mir nicht vor den Kindern den Hintern abwischen (und auch einfach mal meine Ruhe haben) will?

Unsere Erziehungsberaterin und Mama-Coachin Imke Dohmen zieht uns diesen Zahn sofort: „Kleine Kinder bis zwei Jahre, aber auch größere Kindergartenkinder sollten *niemals* ohne Aufsichtsperson allein sein. Das Problem ist nämlich, dass Kinder bis zum zweiten Lebensjahr sich noch nicht als eigenes Individuum sehen. Sie fühlen sich mit uns Eltern verwachsen. Darum ist es im Zweifel eben schwierig bis unmöglich, ein Kind allein zu lassen."

Tja, wie haben wir das noch mal gemacht? Lasst mich überlegen … Ehrlich gesagt bin ich immer dann auf die Toilette gegangen, wenn gerade jemand bei den Kindern war. „Jemand" war in den ersten Jahren immer meine Frau. Und die ist dann los, wenn ich wiederkam …

Coachin Dohmen kennt auch das: „Viele Väter gehen immer ganz selbstverständlich allein aufs Klo, mit dem Handy in der Hand, und schließen ab. Denn die meisten Väter sind meistens mit den Kindern zusammen, wenn auch die Frauen dabei sind. Die meisten Mütter tun das nicht einmal, wenn die Kinder schon viel älter sind. Weil sie in der Regel einfach von Anfang an viel mit dem Kind allein waren und es gar nicht infrage kam. Darum ziehen sie diese Option oftmals gar nicht in Erwägung."

Und wenn man wirklich mal allein ist mit dem Kind oder den Kindern und einfach dringend mal muss? Tja, dann heißt es je nach Alter: Kinder gut verstauen – Gitterbett oder Laufstall – und mit Druck rein in die Schüssel. Oder aber, wenn sie alt genug sind, unter den Arm geklemmt und alle zusammen in die Muffbude. Happy Schiss! ★

Frage 34

Soll ich meiner Partnerin lieber verschweigen,
dass mir das Kind vom Wickeltisch gefallen ist?

Glaubt mir, das ist eine Hammerfrage! Denn das Erste, was ganz frisch-gebackene (oder werdende) Eltern jetzt denken, ist: „Das passiert mir garantiert nicht!"

Hab ich auch gedacht, ich bin ehrlich. Es stimmt aber nicht. Mal war die Wickelschürze nicht in Greifweite, mal hatte ich die Windeln nicht aufgefüllt, mal hat mich der Jobanruf aus Buxtehude abgelenkt: *Zweimal* ist mir ein Sohn runtergefallen. Und einmal sogar aus dem Arm! Okay, da hätte es beim besten Willen nichts zu verschweigen gegeben, denn meine Frau stand direkt daneben. Den Gesichtsausdruck hättet ihr sehen müssen: Wut, Panik und Scheidung in einem Blick.

Aber zurück zum Wickeltisch (beziehungsweise zum Boden davor), wo ihr meistens allein seid. Es gibt dann zwei Optionen:

1. Sofort beichten, dann ist es raus, aber ihr kassiert eben auch diesen Blick (nur dass wir uns richtig verstehen: Den Blick haben nur Frauen, also Mütter drauf. Bei Männern läuft das eher so ab: „Es ist dir runtergefallen? Schwamm drüber, kommt vor." Denn denen ist das bestimmt selbst schon ein- bis zweimal passiert).

2. Den Mund halten. Auf ihre bohrende Frage: „Was ist denn passiert, warum schreit es so?", entgegnet er achselzuckend: „Keine Ahnung. Es ist doch immer irgendwas." Die Methode ist halbwegs sicher, das Kind kann ja noch nicht sprechen – und die Babycam ist hoffentlich nicht auf den Wickeltisch ausgerichtet.

ABER das schlechte Gewissen wird man so schnell nicht wieder los. Und für eine vertrauensvolle Beziehung (zur Mutter) ist das auch nicht gerade eine solide Grundlage. Ich bin zwar weder Paartherapeut noch

Erziehungs-Guru, sondern nur ein leidgeprüfter Vater, aber mein Tipp ist: immer alles auf den Tisch. Vielleicht nur nicht sofort, sonst folgt auf den „Mutterblick" auch noch die „Mutterohrfeige" … ★

Frage 35

Urlaub ohne Kind: Sind wir Rabeneltern, wenn wir uns danach sehnen?

Lasst euch aus tiefstem Herzen gesagt sein: nein! Meine Kinder sind mein Ein und Alles, aber Urlaube mit ihnen? Schwierig. Ja, es gibt Eltern, die fliegen weiterhin mit ihren Kindern in die Karibik, nach Teneriffa oder auf die Malediven. Wir schaffen es nicht mal bis Buxtehude.

Als Single träumst du vom *Mile High Club* und heißen Stewardessen. Als Vater fährst du mit dem Škoda in den Urlaub und *fühlst* dich wie eine Stewardess, die dauernd sagt: „Für den Notfall befinden sich unter euren Sitzen die Reste des Mittagessens", „Kaugummispuren auf dem Boden führen zu den Notausgängen", „Die Toiletten befinden sich 42 Kilometer in diese Richtung", „Dies ist eine Nicht-Quengel-Fahrt!" In jeder meiner Shows suche ich nach Vätern, die Ingenieure sind, denn ich habe nur einen Wunsch: die vollelektrische Trennscheibe, die bei Lärm automatisch hochfährt und die Rückbank vom Rest des Fahrzeugs trennt.

Einmal waren wir sogar mit dem Flieger auf Fuerteventura. Nicht im Single-Club, sondern im Familien-Club mit Halbpension, Mini-Club und Mini-Disco. Wir haben gedacht: *Schön Sonne, die Kinder sind versorgt – dann können auch wir uns ein bisschen erholen.* Und es hat geklappt!

Allerdings gehöre ich auch nicht zu den Eltern, die immer beschützend die Hand über ihr Kind halten, egal, wo es hinläuft. Das ist bei Freunden neulich allerdings auch mal so richtig schiefgegangen, da hat sich der Sohn nämlich sehr schwer am Sofakissen verletzt ...

Nein, ich gehöre zu den Starfighter-Eltern: *Fire-and-forget.* „Hier sind meine Kinder, macht was damit! Falls was ist, ich bin am Tresen!"

Das Problem ist: Diese Urlaube sind selten – und sehr teuer. Und irgendwann wachsen die Kinder auch aus der deutsch-spanischsprachigen

Betreuung heraus (und verstehen auf einmal nix mehr!). Am besten also in diese Clubs dann in Zukunft *ohne* Kinder.

Aber: Urlaub ohne Kinder hat auch seine Tücken. Neulich waren wir in einem No-Kids-Hotel – alles voll mit Lehrern und Lehrerinnen, die sich mal erholen mussten. Und am nächsten Morgen waren wir wie gewohnt um sechs Uhr wach. Tja. Einmal Eltern, immer Eltern.

Am Frühstückstisch sind wir schon mal prophylaktisch hektisch aufgestanden, um Dinge zu holen – obwohl wir wussten, dass wir unsere Kinder definitiv zu Hause gelassen hatten.

Und was war das schön, beim romantischen Spaziergang anderen Eltern dabei zuzugucken, wie sie mit den Problemen (Schreien, Betteln, Wüten, Weinen) ihrer Kinder umgingen. Habt ihr früher auch so gern „GZSZ" geguckt ...?

Nun ja, am Ende sind wir zwei Tage früher zurückgefahren ... Weil das Wetter so schlecht war. Die Wahrheit: So ohne Kinder war auch irgendwie doof, sie haben uns schon gefehlt, die kleinen Racker ...

Unsere Erziehungsberaterin Imke Dohmen sagt dazu: „Wir sind keine Rabeneltern, wenn uns unsere Kinder mal nerven und wir auch mal wieder Zeit für uns (ohne sie) haben wollen. Nur weil wir Eltern geworden sind, heißt das ja nicht, dass wir alles nur noch gemeinsam unternehmen und besprechen müssten. Das ist sogar ein sehr gesundes Verhalten, denn es zeigt, dass wir unsere eigenen Bedürfnisse wahrnehmen. Ich finde, je nach Alter, ist das auch eine sehr wichtige Botschaft für das Kind: Ich stehe für mich ein und bringe damit auch meinen Kindern bei, dass sie das dürfen." ★

Frage 36

Wie erkläre ich meinem Kind den Dildo im Kleiderschrank/das Kondom unterm Bett?

Ehrlich gesagt, halte ich es hier wie beim Thema „Weihnachtsmann": Notlügen sind erlaubt, auch wenn sie deine Kinder später direkt zum Therapeuten führen: „Meine Mama hatte ein Laserschwert in der Nachttischschublade."

Aber mal ehrlich, haben wir nicht ein bisschen Recht auf Privatsphäre? Und Deutungshoheit? ★

Frage 37

Muss mein Kind wirklich mit anderen teilen?

Aber nein, Karlheinz, du musst nichts abgeben, wenn du nicht magst!"
Was für ein, Verzeihung, Scheiß! Was ich gelernt habe, auf dem Kinderspielplatz, im Tobezentrum, in der Hüpfburg: Kinder regeln Dinge viel
schneller und viel entspannter untereinander – WENN KEINE ELTERN
DABEI SIND.

Und ja, natürlich, um die Frage zu beantworten, müssen Kinder
lernen zu teilen. Von Kinderärzten, -ärztinnen (und anderen Müttern)
weiß ich: Das Teilen ist eine soziale Fähigkeit, die Kinder im Laufe ihrer
Entwicklung erlernen sollten. Es ist jedoch wichtig zu verstehen, dass das
Teilen nicht automatisch erwartet werden kann, insbesondere in jungen
Jahren. Kinder befinden sich noch in einer Phase des Egozentrismus, in
der sie hauptsächlich auf ihre eigenen Bedürfnisse und Wünsche fokus-
siert sind. Das bedeutet, dass es für sie schwierig sein kann, ihre Spiel-
zeuge mit anderen zu teilen. Dies ist eine normale Entwicklung, die im
Laufe der Zeit abnimmt, wenn Kinder Empathie entwickeln und lernen,
sich in andere hineinzuversetzen.

Aber sie müssen es eben LERNEN. Und wenn Karlheinz den Teddy
stundenlang festhalten will und ihr deshalb auf dem Kinderspielplatz
mehrere Latte-macchiato-Längen allein da sitzt, dann ist das jetzt im
Moment eben noch so ... ★

Frage 38

Welcher Sport ist der elternfreundlichste?

Natürlich will jeder, dass die Kinder eine Sportart ausüben, die ihnen Spaß macht. Aber, wenn wir ehrlich sind, wollen wir auch, dass sie gut darin sind, dass sie lernen, ein perfektes Rad und einen perfekten Handstand zu machen, den Ball richtig zu passen und einen Korb zu werfen.

Viel wichtiger aber ist, wenn man auf lange Distanz schaut: Was wollen wir uns als *Eltern* für eine Sportart antun?

Alle Mannschaftssportarten sind mit immensem Fahraufwand verbunden („Super, wir treten gegen Wanne-Eickel an!"). Die Einzelsportarten wiederum haben lange Wartezeiten („Ruderkurse für Kinder? Da ist erst 2035 wieder was frei"). Ach, wir haben ja eigentlich auch schon so viele andere Dinge – Klavier, Flöte, Zeichnen ... – und außerdem gibt's ja auch Sport in der Schule.

Und dann die anderen Kinder ... Aber die eigentlich Schlimmen sind die anderen Eltern! Über Fußballeltern sprach ich bereits bei der Antwort zu Frage 29 ... ★

Frage 39

Wutanfall an der Supermarktkasse – kann ich nicht einfach nachgeben?

Die Szene ist ein Klassiker: Ich bin noch zehn Meter oder vier Rentner von der Kasse entfernt, beide Jungs sitzen ganz friedlich im Einkaufswagen, wo ich die Sachen um sie herum balanciert habe. Plötzlich die Mentosstange in der Quengel-Ecke. Der Ältere will sie unbedingt haben, der Jüngere plötzlich auch! Da hilft mir auch die Einordnung von Erziehungsberaterin Imke Dohmen nicht weiter: „Im Zweifel hat der Wutanfall an der Supermarktkasse mit der Gehirnentwicklung des Kindes zu tun und ist einfach ganz normal und altersgerecht. Wichtig ist auch: Das Kind richtet sich nie *gegen* den Papa oder die Mama, sondern spricht nur *für* sich. Es kann noch nicht unterscheiden zwischen Wunsch und Bedürfnis. Für das Kind gibt es auch kein Morgen. Wenn wir ihm sagen, dass es HEUTE die Smarties nicht bekommen kann, dann geht es davon aus, dass es das NIEMALS wird."

Mentos, es heißt Mentos!

Aber ja, ich verstehe das.

Alles.

Aber was hilft es mir?

NICHTS.

Ich stehe an der Kasse und muss die wahlweise hasserfüllten oder mitleidigen Blicke anderer Einkaufender aushalten, während das Geschrei meiner Jungs fast 135 Dezibel erreicht, so viel wie ein startendes Flugzeug.

Dohmen sagt: „In solchen Situationen können wir nur eins machen: tief durchatmen. Bei uns und unserem Kind bleiben und nichts auf das geben, was die anderen womöglich über uns denken oder sogar sagen. Es hilft manchmal, das Kind in seinen Gefühlen zu spiegeln: ‚Puh, du bist aber wütend, das kann ich richtig sehen.' Dann fühlt es sich verstanden und ernst genommen und hat nicht das Gefühl, uns weiter von seiner Verzweiflung überzeugen zu müssen."

Wieso von SEINER Verzweiflung? Was ist mit meiner? Und was ist, wenn die Rentner vor mir sich so aufregen, dass sie einen Herzinfarkt bekommen?

Was habe ich am Ende ganz pädagogisch wertvoll und zukunftsgerichtet gemacht? Ihr ahnt es schon: Die Drops wanderten in den Einkaufswagen. Und was passierte? Stille. Für dieses Mal. ★

Frage 40

Wie viele Süßigkeiten sind zu viel?

Passt super zum Beitrag davor, finde ich. Meine Antwort: jede einzelne! Und das sage ich nicht, weil ich meinen Kindern nicht das Haribo gönne, sondern es selbst essen will (doch auch, okay). Auch nicht, weil Zucker die Zähne angreift und Karies macht oder dafür sorgt, dass meine Kids permanent Heißhunger haben. Nicht mal, weil das früher oder später zu Typ-2-Diabetes führen kann. All diese medizinischen Gründe gibt es, und sie sind auch auf jeden Fall im Blick zu behalten.

Aber das ist für mich nicht der Grund, alles aus der Umgebung unserer Kinder zu verbannen, was extrem zuckerhaltig ist ...

Der Grund ist: Wir haben schon früh die Erfahrung gemacht, dass Zucker auf unsere Kinder wirkt wie Heroin auf ausgezehrte Junkies: Sie sind plötzlich hellwach und können stundenlang aushalten, obwohl sie doch eben schon müde wurden. Bei unserem ersten Sohn reicht es schon, wenn er einen Schokoriegel nur anguckt. Beim zweiten waren wir darum vorsichtiger: Jedes Gläschen, jeder Riegel wurde auf Zucker untersucht! Vorsichtshalber habe ich gleich alles selbst aufgegessen, was uns verdächtig vorkam. Der unangenehme Nebeneffekt: Ich nahm drei Kilo zu und war immer hellwach, also nachts.

Was sagt unsere Ernährungsexpertin Katharina Gantenberg dazu? „Derzeit ist noch unklar, wie viel Zucker schädlich ist. Klar ist aber, je mehr wir davon essen, umso größer ist die Gefahr für gesundheitsschädigende Auswirkungen. Dieser Umstand macht es auch schwer, eine Menge zu bestimmen, unter der das Gesundheitsrisiko vernachlässigbar ist. Die WHO empfiehlt für Kinder (je nach Alter) maximal 25 bis 40 Gramm freien Zucker am Tag. Das sind etwa 6 bis 7 Teelöffel. Für Erwachsene sind es 50 Gramm, empfehlenswert sind aber auch hier 25 Gramm." ★

Frage 41

Ich könnte meine Kinder schon mit fünf Jahren an die Wand klatschen – wie soll das erst in der Pubertät werden?

Schon mal etwas von „Wackelzahnpubertät" gehört? Das ist eine äußerst ernsthafte Angelegenheit, die von führenden Zahnwissenschaftlern und -wissenschaftlerinnen auf der ganzen Welt intensiv erforscht wird. In dieser Phase durchlaufen Kinder eine einzigartige Entwicklung, bei der ihre Milchzähne langsam ausfallen und Platz für die bleibenden Zähne machen. Es ist eine Zeit der Veränderung und des Übergangs, in der sich die jungen Zähne langsam, aber sicher auf ihre erwachsene Existenz vorbereiten. Sie machen sich bereit, die Hauptrolle im Kiefer zu übernehmen und Kaukünste auf einem ganz neuen Niveau zu demonstrieren.

Haha, Spaß beiseite: Kinder mit fünf Jahren können tatsächlich schon Anzeichen der Pubertät zeigen. Die sogenannte Wackelzahnpubertät gibt es wirklich, sie ist eine ganz reale und vor allem spannende Phase.

Mir hilft ja immer, wenn ich weiß, was da in den Kindern passiert, weil ich dann das Gefühl habe, ihren (zugegeben, manchmal wirklich irren) Reaktionen nicht so völlig ratlos gegenüberzustehen. Zumindest einer von uns fühlt sich dann schon mal besser ...

Damit es auch euch in Zukunft vielleicht so gehen kann, hier ein paar Infos. Nicht umsonst gibt es das Sprichwort: „Wackeln die Zähne, wackelt die Seele." Diese Zeit ist ja die zwischen Kindergartenende und Schuleintritt, durchaus bis in die ersten Grundschuljahre hinein, und die ist voller krasser Gefühle bei unseren Kindern. Ursprung dafür ist meist, dass große Veränderungen (wie Schuleintritt, Kennenlernen neuer Kinder ...) auch Angst bewirken können und Hilflosigkeit. Die Kinder wollen in dieser Zeit häufig wieder viel enger mit den Eltern sein, brauchen also supervivel

Geborgenheit – oder aber wüten so richtig doll herum (erinnert ihr euch noch an den Wutausbruch an der Supermarktkasse? Welcome back!). Oder beides, gern auch gleichzeitig (geht das überhaupt?).

Obwohl die Wackelzahnpubertät nicht so umfassend ist wie die Pubertät der Teenagerjahre, markiert sie darum dennoch einen wichtigen Meilenstein in der Entwicklung eines Kindes. Sie ist ein Zeichen dafür, dass es sich von einem kleinen Kind zu einem heranwachsenden Individuum entwickelt. Und seht es mal positiv: Ihr könnt schon mal schön üben!

Ich gebe es zu: Ich habe nicht viele Kurse besucht, in denen es um den Umgang mit Kindern ging, aber zu einem hat mich meine Frau überredet: „Starke Kinder, starke Eltern – in der Pubertät". Haften geblieben sind mir zwei Dinge, die ich nicht mehr vergessen werde. Das erste war die Antwort auf die Frage, wie der Hirnumbau – nichts anderes ist die Pubertät – vonstatten geht: nämlich von hinten nach vorn. Oder anders ausgedrückt: der präfrontale Kortex, also der Verstand, wird zuletzt erreicht. Und das zweite war die Antwort auf die Frage, wie lange die „richtige" Pubertät wohl andauert. Sie war so einleuchtend wie niederschmetternd: bis zum 25. Lebensjahr!

Als ich davon völlig aufgelöst meiner Frau erzählte, murmelte sie: „Und bei einigen bis heute."

Was mir diese zwei Informationen noch gezeigt haben: Alles ist möglich. Und es kann offenbar bis 25 dauern, bis der Umbau des Hirns abgeschlossen ist. Seitdem habe ich Angst. ⭐

Frage 42

Darf man wütend auf die streikenden Erzieher*innen sein?

Kitastreik – für viele Eltern heißt das, sie sehen die Kinder, mit denen ihr Kind in die Kita geht, nach Monaten zum ersten Mal: „Hey, das ist doch Linus!" – „Nee, das ist Jonas. Linus ist doch schon auf dem Gymnasium." Und es bedeutet Notlösungen: Wir haben einen Behindertenfahrdienst neben der Kita, der morgens seine Runde fährt. Manche Eltern sind während Streikzeiten so verzweifelt, die drücken dem Fahrer zehn Euro in die Hand mit den Worten: „Fahr meine Kinder mal eine Stunde hin und her!"

Auf der Bühne frage ich: „Haben wir Betroffene hier?" Neulich haben sich zwei gemeldet. Ich: „Wie viele Kinder habt ihr denn?" Die: „Wieso Kinder? Wir sind Erzieher, wir haben endlich mal frei!"
   Was auch wirklich passiert ist: Ich fuhr morgens mit der U-Bahn zur Arbeit (meine Kinder waren bei den Großeltern – ratet mal … Kitastreik) – neben mir zwei Erzieher*innen. Auf dem Weg zum Zoo. Endlich mal ohne Kinder!

Unsere Kita ist bei Streik immer ganz vorn mit dabei. Bei uns streikt sogar die Kitaleiterin mit. Das wäre so, also ob der Bahnchef beim Streik mitmachen würde. Und bei der Demo mit Trillerpfeife und Transparent steht und Streikgeld bekommt.

Ich bin so hilflos. Wir haben schon alles versucht, um die Kinder unterzubringen: Autobahnraststätte, Babyklappe. Aber im Ernst: Du kannst ja deine Kinder nicht im Park aussetzen! Und ich bin so wütend. Ich liege abends im Bett und denke: *Wie kriege ich die Erzieher*innen dran?* Aber ich komme auf nichts. Und dann endet es damit, dass ich mir vornehme: Ab morgen grüße ich sie einfach nicht mehr! Wenn kein Streik ist. ⭐

Frage 43

Wer sagt mir, ob ich alles richtig mache?

An dieser Stelle wird es noch mal Zeit für eine kleine Ansprache: Liebe (werdende) Eltern, dies ist der Ratgeber, der euch rät, Ratgeber Ratgeber sein zu lassen. Ihr könnt noch so viele Bücher lesen, das wird euch nicht einmal im Ansatz auf die Wirklichkeit vorbereiten. Und das ist auch völlig logisch, denn ihr begebt euch auf ein Abenteuer, das zwar schon Milliarden und Abermilliarden Menschen auf der Welt durchgemacht haben – was der Beweis ist, dass es absolut zu bewältigen ist und dass auch ihr es schaffen werdet, ein gesundes, glückliches Kind zu einem guten Erwachsenen zu erziehen. Es ist aber auch ein Abenteuer, das noch niemand in der Geschichte der Menschheit genau so erlebt hat, wie ihr es erleben werdet. Die Konstellation zwischen euch als Eltern und den durchaus überraschenden Persönlichkeiten eurer Kinder ist nämlich einzigartig. Euer Kind und ihr – das ist ganz allein *euer* Abenteuer.

Lest also alle Ratgeber, die euch hilfreich erscheinen (vor allem diesen hier!) – und bereitet euch darauf vor, dass alles ganz, ganz anders wird, als diese Bücher es behaupten und ihr es euch vorstellt.

Ein Kind zu begleiten, es zu „erziehen" und großzuziehen, ist eine riesige Herausforderung und keiner wird euch genau sagen können, wie das geht, geschweige denn, wie es bei euch sein wird.

Und wenn es so weit ist: Genießt das Abenteuer! Erforscht das Unbekannte, das da auf euch zukommt, und gebt einfach euer Bestes. Macht Fehler! Und, was mir besonders am Herzen liegt: Nehmt dieses Abenteuer mit all seinen Missgeschicken und Fehlern auf dem Weg mit Humor! Amen.

Euer Jörg

Frage 44

Was soll ich tun, wenn mein Kind an seinen Genitalien herumspielt und mir das unangenehm ist?

Erst einmal finde ich wichtig, festzustellen, dass Kinder einfach nur deshalb an sich herumspielen, weil das schöne Gefühle in ihnen auslöst. Und seien wir ehrlich: Das geht mir noch heute so. Außerdem ist es so, dass es sich wohl um eine recht kurze Zeitspanne handelt, in der Kinder das tun. Jungs per se eher öfter. Tja, was soll ich dazu sagen ...?

Was wir vermeiden sollten, ist, mit den Kindern zu schimpfen. Unser Kind darf das als schönes Gefühl empfinden und Spaß daran haben. Aber wir können ihnen schon klarmachen, dass wir das nicht in der Öffentlichkeit machen. Da bin ich übrigens Vorbildfunktion, da bin ich Kumpel: Ich mache das auch nicht (mehr). So zeigen wir unseren Kindern, dass wir eine Privatsphäre haben, die wir auch schützen dürfen und müssen. Zu Hause, im eigenen Zimmer, darf man sich dann so viel berühren, wie man will. Ab welchem Alter hört das eigentlich wieder auf? ★

Frage 45

Wie gehe ich mit schulischen Unzufriedenheiten um?

Das, was ich gelernt habe, ist: Nur wer sich beschwert, der bleibt! Heißt: Krakeelende Eltern sind immer im Vorteil, wenn es um die Aufmerksamkeit des Lehrpersonals geht. Leider.

Was bedeutet, dass du schon ein paar handfeste Fakten zusammensuchen solltest und, ganz wichtig, immer die Sprache des Lehrpersonals sprechen! (Z. B.: „Den Verweis für meinen Sohn, der seinem Biolehrer die Kloschüssel mit Ökoleim verklebt hat, empfinde ich als nicht gerechtfertigt. Sie sollten doch auch die schulische Leistung ‚Verwendung nachhaltiger Klebstoffe' würdigen.")

Wie man es auch machen kann, verrät unsere Schulexpertin Viola Patricia Herrmann: „Es gibt einen großen Unterschied zwischen ‚für sein Kind eintreten' und ‚sich beschweren'. Wenn ich das Verhalten der Lehrkräfte meinem Kind gegenüber als ungerecht empfinde, gilt Folgendes: Ich sollte hinterfragen, woher ich meine Information habe. Hat mein Kind mir die vermeintlich ungerechte Situation geschildert? Kenne ich die Situation also nur aus einer Perspektive? Dann ist es nur fair, zeitnah Kontakt aufzunehmen, um der entsprechenden Lehrkraft die Gelegenheit zu geben, seine oder ihre Sicht der Dinge zu schildern."

Ich verstehe: also das Gespräch suchen, aber nicht sofort mit Vorwürfen ins Haus fallen. Auch unsere Kinder sind keine objektiven Beobachtenden, sondern nehmen ihr Umfeld durch ihren subjektiven Filter wahr. Und die goldene Regel für jedes Eltern-Lehrkräfte-Gespräch: Der Ton macht die Musik! Da geht es ganz viel um Respekt und darum, die Emotionen möglichst draußen zu lassen. Hm … Dann müssen meine Frau und ich wohl ins Sparring. Damit ich nicht wieder losheule und sie dem Lehrer keine reinhaut. ★

Frage 46

Mein Kind hat Beef mit einem Mitschüler oder einer Mitschülerin – wie kläre ich das mit den Eltern?

Ganz wichtig: gar nicht! Eltern sollten tatsächlich nie selbstständig Konflikte mit anderen Eltern klären! Warum? Weil ich euch dann auf die Fresse haue!

Nein, im Ernst: So vernünftig die andere Seite auch reagiert, Blut ist dicker als Wasser, und am Ende würde auch ich mich immer vor meine Kinder werfen. Deswegen raten Experten und Expertinnen tatsächlich dazu, sich nicht einzumischen. Unsere Schulexpertin Viola Patricia Herrmann drückt es so aus: „Vorfälle, die in der Schule passieren, sollten auch dort geklärt werden. So kann eine Situation fair aufgearbeitet und gelöst werden, nicht auf Basis von ‚Aber mein Kind sagt …'."

Okay, das verstehe ich: Wir sollen nicht auf jede Beschwerde unserer Kinder umgehend reagieren. Anhören und akzeptieren auf jeden Fall, aber nicht sofort einmischen. Das wird dann nötig, wenn die Beschwerden nicht aufhören, das Problem mit dem Gegenüber also über längere Zeit bestehen bleibt. Gut, mit wem kläre ich denn dann das ewige Konfliktthema unserer Kinder? „Papaaaaa, ich will fernseeeeeheeeeen!" ★

Frage 47

Was ist das Wichtigste, das ich meinem Kind mit auf den Weg geben sollte?

Ein Freund von mir hat auf der Bühne immer gesagt: „Ich finde, man sollte seinem Kind etwas mitgeben für das spätere Leben. Etwas Epochales, etwas Großes mit Sinn." Und dann fügte er hinzu: „Bloß was? Ich suche es noch immer!"

Ich glaube, dass es eher andersherum ist: Kinder geben einem etwas mit oder besser zurück, was man vor langer Zeit schon verloren hat oder was lange verschüttet war.

Als wir im Urlaub auf Fuerteventura waren, in dem Familien-Club, da gab es auch eine Kinder-Disco, ich habe es bereits erwähnt. Jeden Abend, zwischen Abendessen und Ins-Bett-Gehen. Da wurden Lieder gespielt, zu denen die Kinder bestimmte Bewegungen machen sollten, die die Animateure und Animateurinnen vormachten. Zum Beispiel: „Was du also erlebt hast *(Arme ausbreiten)*, an einem einzigen Tag *(Zeigefinger hoch)*, was du also gesehen hast *(Augen mit der Hand abschirmen)*, oh Mann, das ist schon echt stark *(Daumen hoch)*!" Und es gab Lieder, wo im Text gesagt wurde, was die Kinder zu tun haben: „Wipp mit den Knien, schüttel dein Haar."

Und mir ging das Herz auf … Ich dachte: Wie schön das doch ist, dass Kinder überhaupt nicht daran denken, wie sie aussehen oder was die Leute über sie denken. Die wippen einfach und schütteln sich und bauen Häuser mit den Händen und sind ganz verzaubert, während wir Erwachsenen … Um Gottes willen, so tanzen?! Ich würde vor Scham im Boden versinken!

Und in dem Moment hörte ich den einen Animateur sagen: „Eins, zwei, drei – und alle Mamis und Papis sind mit dabei!" Sofort stieg diese

Urangst in mir auf. Und ich schaute in die Gesichter der anderen Eltern. Denen ging das genauso. Denn wir alle hatten drei Probleme: Wir kannten die Lieder nicht. Wir kannten die Texte nicht. Und: Das war 'ne Disco für Vierjährige!

Was ich eigentlich damit sagen will, ist: Man sieht, wenn man Kinder hat, die Welt teils wieder mit staunenden Kinderaugen, was etwas Wunderschönes ist. Man entdeckt durch seine Kinder die Welt sozusagen noch mal neu, und während einem Tanzen sonst vielleicht peinlich wäre, obwohl es doch mit das Natürlichste und Schönste auf der Welt ist, macht man es für seine Kinder und darf dank seiner Kinder dann auch als Erwachsener einfach mal wieder loslassen. ★

Frage 48

Braucht unser Kind Geschwister?

Unbedingt! Und wisst ihr auch, warum? Weil eine(r) allein so schlecht zusammen spielen kann. Was dann passiert? Ihr ahnt es schon: „Papaaa! Kannst du mit mir spielen?!?" Was echt süß ist, also, die ersten hundertzwanzig Male. Aber dann wird es anstrengend. Also muss ein Spielkamerad oder eine Spielkameradin her. Den oder die kann man sich natürlich auch außerhalb der eigenen vier Wände suchen, uns kam es aber bequemer vor, keine weiten Strecken zurücklegen zu müssen.

Die Frage war für uns also nicht ob, sondern *wann*. Denn in der Regel wird es Eltern mit dem Zusammenspielen erst zu viel, wenn das Kind um die drei Jahre alt ist. Wer dann ein Geschwisterchen hinterherschiebt, muss alles (Wickeln, Einschlafen-Üben, Karreschieben etc.) von der Pike auf noch mal durchmachen. Und hat den doofen Nebeneffekt, dass die Kinder bis zu vier Jahre auseinander sind – was sich manchmal wie mehrere Generationen anfühlen kann.

Wer es allerdings macht wie wir – also innerhalb von 15 Monaten noch mal Eltern werden –, der hat auch einen entscheidenden Nachteil. Wir hatten plötzlich alle (vier!) Hände voll zu tun, und es gab keine*n mehr, die*der sich mal ausruhen konnte. Tja, dumm gelaufen. Das war eine Umstellung wie vorher von keinem auf ein Kind.

Und was sagen die Experten und Expertinnen? Einige argumentieren, dass Geschwisterbeziehungen das Teilen, Kompromisse-Schließen, Erlernen sozialer Fähigkeiten und Konfliktlösung fördern könnten. Kinder mit Geschwistern haben (meist) eine*n Spielkamerad*in und könnten rund um die Uhr (was auch gleichzeitig wieder ein Nachteil ist) voneinander lernen („Nein, das ist meine Pizza!").

Andere betonen, dass Einzelkinder genauso glücklich und sozial gut ein-gebunden sein könnten wie Kinder mit Geschwistern. Sie argumentieren, dass ein Einzelkind in der Regel mehr Aufmerksamkeit von den Eltern bekäme und dadurch möglicherweise Vorteile in Bezug auf Bildung, finanzielle Stabilität und Selbstvertrauen habe. Einzelkinder können auch enge Beziehungen zu anderen Familienmitgliedern, Freunden und Freundinnen oder Nachbarn und Nachbarinnen aufbauen („Igitt, das ist DEINE Pizza!").

Am Ende ist wahrscheinlich das hier der beste Tipp: Wenn ihr das Ge-fühl habt, ihr seid noch nicht komplett und wollt noch ein Kind – go for it! Dann, wenn *ihr* so weit seid. Wenn ihr „nur" darüber nachdenkt, damit euer Kind nicht „allein" ist, euch aber eigentlich vollständig und glücklich mit einem Kind fühlt, dann spricht auch absolut gar nichts dagegen. Und wenn das hier jetzt einer oder eine liest, der oder die noch gar keine Kinder hat und darüber nachgrübelt, ob überhaupt ja oder nein – dann empfehle ich, das ganze Buch an einem Stück durchzulesen und dann aus dem Bauch heraus zu entscheiden. :-) ★

Frage 49

Ich habe das Gefühl, ich bin eine Memme: Warum bin ich noch immer so fertig von der Pandemie?

Ganz einfach: Wir hatten Homeschooling! Oder wie es bei der Kelly Family heißt: Alltag.

Mal ganz ehrlich: Dieses Homeschooling ist ja eine tolle Sache, aber nur, wenn man es nicht selbst machen muss. Über Monate und Wochen wurde man voll in die Pflicht genommen. Die riefen dich auch an und sagten: „Na ja, bei Ihrem Sohn, da läuft's gerade nicht so, oder?" „Ja, was kann ICH denn dafür? Ich bin NUR der Vater. Hätte ich Lehrer werden wollen, dann hätte ich das studiert." Habe ich aber nicht. Ich bekomme ja auch nicht Gehaltsklasse A19. Aber die Schule tat so, als ob ich der Lehrer wäre: „Warum ist Ihr gleichschenkliges Dreieck ein Quadrat?", „Nein, Herr Schumacher, das mit den Bienen und Blumen WAR EINMAL im Unterricht ...", „Wie kommen Sie denn auf die Idee, dass Ihre Kinder AUCH SEHEN MÜSSEN, wie man einen Hund kastriert?" „Ach ja, den Begriff ‚Gröpaps' gibt es im Englischen übrigens nicht."

Auf einmal habe ich deren Arbeit gemacht – es wäre nur fair gewesen, wenn der Mathelehrer dafür meine Steuererklärung macht. Oder der Religionslehrer für mich in die Kirche geht. Oder die Sachkundelehrerin mein Billy-Regal aufbaut. Oder der Sportlehrer meine Frau, äh ... mit ihr joggen geht!

Noch ein Problem war: Die Kinder hatten Schwierigkeiten, sich die Aufgaben selbst einzuteilen. Mein ältester Sohn hat sechs Matheaufgaben für die Woche aufbekommen. Habe ich zu ihm gesagt: „Das teilst du dir ein: Du machst eine am Montag, den Rest danach." Sagt er entrüstet-genervt: „Aber dann bleiben ja noch fünf übrig. Da fange ich doch gar nicht erst an!" Immerhin: DAS hat er ganz allein ausgerechnet.

Überhaupt, die Aufgaben: Entweder babyleicht oder ich habe sie selbst nicht verstanden ... Ich kann mich noch an eine Textaufgabe von früher erinnern: „Ein Zug fährt von Hamburg nach Frankfurt, drei Leute steigen ein ...", ihr kennt das ja ... Das habe ich schon damals nicht verstanden. Aber dann las ich die Textaufgaben von meinem Sohn: „Kevin hat ein Datenvolumen von 28 GB und einen Vertrag über sechs Monate. Wenn er seiner kleinen Schwester 17 Prozent seines Volumens abgibt und eine Flatrate über 7,95 Euro im Monat hat, wie viel ..." Und an der Stelle war ich spätestens raus: Wer hat denn eine Flatrate für 7,95 Euro? Welcher Anbieter soll das bitte sein? Wieso steht der Name nicht dabei? Das ist doch völlig unrealistisch! Zum Glück gab es ja ein Lösungsbuch ...

Wir haben wirklich versucht, den Schulalltag zu Hause so realistisch wie möglich nachzustellen. Das ging sogar so weit, dass meine Frau mich von der Küche aus im Wohnzimmer angerufen hat, um mir zu sagen: „Der Max kann heute nicht zum Unterricht kommen. Der liegt im Bett und hat Bauchschmerzen." Und ich MUSSTE ihr das glauben ... Obwohl ich Max gerade noch mit dem Smartphone auf der Terrasse gesehen hatte. Aber die Lehrkräfte in der Schule hätten es ja auch nicht nachprüfen können ...

Monatelang haben wir die Kinder also zu Hause unterrichtet, alles organisiert, gemacht und getan. Und dann kamen die Zeugnisse. Was haben wir alle darauf hingefiebert! Ich denke allerdings, meine Frau und ich waren viel aufgeregter als unsere Jungs ... Schließlich hatten wir die Kinder abwechselnd unterrichtet und uns die Fächer aufgeteilt: Meine Frau hatte Mathe und Deutsch, ich die Fremdsprachen und Sport.
    Und dann rief meine Frau am Zeugnistag: „ICH habe zwei Einsen und sechs Zweien! Du hast zwei Einsen und drei Zweien, aber eine Vier in Sport! Da hättest du dir echt mehr Mühe geben müssen!" ★

Frage 50

Muss ich mich mit den anderen Eltern gut verstehen?

Damit sind wir wieder bei einem meiner Lieblingsthemen: die anderen Eltern! Wie die so sind, hängt ja stark mit dem Stadtteil zusammen, in dem man lebt.

Wir wohnen in Hamburg-Winterhude ... Wie beschreibe ich den Stadtteil am besten? Sagen wir mal so: Neulich standen zwei 18-jährige Mädchen am Kontoauszugsdrucker bei der Deutschen Bank vor mir. Sie trugen geflickte Jeans, es war Monatsende. Sagt die eine zur anderen: „Scheiße, der Mieter hat wieder nicht bezahlt!" So ist das bei *uns* im Viertel. Ey, ich habe zwei Mieter, die sind vier und sechs Jahre alt. Die haben noch nie Miete bezahlt!

Ein vornehmer Stadtteil also. Neulich habe ich es nicht geschafft, den Müll rauszubringen, weil ich die ganze Zeit hin und her überlegt habe: Ziehe ich jetzt die teure Daunenjacke an oder doch den Smoking?

Oder die Einschulung unseres Ältesten. Die fand in der Turnhalle statt. Ich kam rein, kein Platz mehr. Es waren nur 20 Kinder, die eingeschult wurden, aber Oma, Opa, Onkel, Tante – alle dabei. Und alle in Armani-Kleidchen, behängt mit Perlenketten und Brillanten – auch die Eltern.

Ich habe mich so arm gefühlt: Wir konnten uns nicht mal einen Opa in Puschen leisten! Aber beim nächsten Sohn rüste ich auf. Wir haben da so ein Altenheim an der Ecke ... Die spreche ich einfach an: „Lust auf'n Ausflug?" Und dann behängen wir die mit Lametta. „Du hast vier Verwandte? Digga, wir haben 30" – auch wenn die Hälfte am Tropf geht.

Die Väter sind Unternehmensberater, Rechtsanwälte oder Immobilienmakler. Alle im Sakko mit Goldknopf und schlechter Laune. Einige hatten Trolleys dabei, die mussten nach der Einschulung noch nach Dubai, Leute anschreien.

Und dann habe ich mir die mal genauer angeschaut: Bei uns sind die 50 bis 60, also eher „späte Väter". Dafür sind die Mütter alle sehr jung. Die eine trug noch eine Zahnspange. Die unterhielt sich mit ihrer Nachbarin über Urlaub und wo man sich gut erholen kann. Ich meine, wie anstrengend kann so ein Tag im Nagelstudio schon sein?

Aber zum Glück gibt es ja auch noch die Kinder: Am zweiten Tag hat dem Sohn vom Unternehmensberater das Essen nicht geschmeckt. Die Tochter vom Rechtsanwalt hat sich angeschlossen.
    Ich habe jetzt schon Horror vorm nächsten Elternabend. Der Unternehmensberater will die Kantine outsourcen. Der Rechtsanwalt will den Essenslieferanten verklagen. Und ich will denen nur auf die Fresse hauen. Und ich bin klar im Vorteil: Die sind ja so alt, die können sich gar nicht mehr richtig wehren.

Wenn zwei Kinder sich in der Schule streiten, ist das übrigens auch schlimm. Wenn die dann mit ihren Prada-Taschen aufeinander einhämmern. Oder sich beschimpfen: „Unsere Wohnung ist zehnmal größer als eure!" Oder: „Dafür sitzt dein Vater wegen Steuerhinterziehung." Im Rathaus.

Und auf jedem Kindergeburtstag gibt es Goodie-Bags. Das habe ich auch erst hier gelernt: Das sind Tüten, wo kleine Geschenke drin sind und Milka-Schokolade. Aber nicht für das Geburtstagskind. Für die Gäste. Damit die gehen. „Hey, wo ist meine Goodie-Bag?" „Gibt's nur, wenn du endlich gehst ..."

Und die Gespräche auf dem Elternabend! In der Klasse unseres Sohnes geht es jetzt darum, welches iPhone die Schüler und Schülerinnen bekommen: iPhone 6 oder 7? Gebraucht oder neu? Ey, in anderen Stadtteilen geht es darum, welches du morgens abgenommen bekommst …

Seit unser Sohn eingeschult worden ist, erleben wir jeden Morgen dasselbe vor der Schule: Die Helikopter-Moms parken in der zweiten Reihe in der Einbahnstraße. Keiner kommt durch. Natürlich fahren die in so einem SUV-Panzer vor. Klar, den brauchen sie, damit sie durch den Mob brechen können, wenn sie mal durch einen ärmeren Stadtteil fahren. Die neuen Mercedes haben auch alle so eine Funktion, die heißt AGC. Active Gesindel Control.

Frau Professor lädt also ihre Fine, Stina, Lillilu oder wie sie alle heißen aus. In aller Seelenruhe. Sie bringt ihr Kind zur Schule, das sollen ruhig alle sehen. Und das sehen auch alle, denn wir stehen da ja seit 20 Minuten in der Autoschlange. Und: Das Kind mag auch nicht so schnell! Wahrscheinlich haben sie ihr beigebracht: „Merk dir, Fine/Stina/Lillilu, nur arme Menschen sind in Eile!"

Der Müllwagen stand übrigens auch in der Schlange und kam nicht weiter. Für die Müllmänner war das verkehrte Welt: Endlich waren mal nicht *sie* das Problem! Die wussten gar nicht, was sie machen sollten, und fingen schon an, den Müll wieder zurück in die Tonnen zu füllen. ★

Frage 51

Und muss ich alle Lehrer und Lehrerinnen respektieren?

Generell bin ich mit den meisten Lehrern und Lehrerinnen zufrieden – zumindest mit denen, die ich während Corona nicht sehen musste. Und das waren einige.

Apropos Respekt: Wo waren die eigentlich alle?

In Hamburg sollten Lehrer*innen übrigens selbst einschätzen, ob sie zu einer Risikogruppe gehören oder nicht. Das ging so per Zuruf. Ach, wenn doch alles so einfach wäre ... Ich mache das jetzt auch so: Steuererklärung? Nein, ich schätze, ich habe keine zu versteuernden Einkünfte.

Fünf Prozent schrieben, das müsse man differenzieren, das waren die Sozialkundelehrer*innen. Aber 30 Prozent schätzten sich tatsächlich selbst als Risikogruppe ein. Darunter waren auch hundert Sportlehrer*innen. Das war erstaunlich, weil das offiziell bei ihrer Einstellung nur zehn Prozent angegeben hatten. Über Nacht ein Zuwachs von 20 Prozent! Das gibt es sonst nur bei Beamtenbezügen ... Übrigens *kein* Witz: Der Hamburger Schulsenator hat nach der Umfrage zur Sicherheit einmal klargestellt: „Schulpflicht gilt auch für Lehrer*innen ..." Ja!

Aber zurück zur Frage. Ich finde nicht, dass wir dazu verpflichtet sind, alle Lehrerinnen und Lehrer zu respektieren. Nur zeigen sollten wir es nicht, wenn wir es nicht tun ... Denn das gereicht uns selbst und unserem Nachwuchs gegebenenfalls zum Nachteil (ich denke nur an schlechte Noten oder Extra-Aufgaben ...).

Aber wenn man es besser nicht raushängen lässt, wie geht man dann damit um, wenn man mit dem Lehrpersonal so gar nicht auf einer Welle schwimmt? Unsere Schulexpertin Viola Patricia Herrmann sagt dazu: „Ja, es gibt sie. Die unbelehrbaren und unnahbaren Lehrer und Lehrerinnen, die sich niemand von uns für sein Kind wünscht. Koexistieren muss man dennoch mit ihnen. Man sollte zu diesen Lehrern und Lehrerinnen den Kontakt jedoch möglichst minimieren und ausschließlich basierend auf Fakten (Zensuren o. Ä.) kommunizieren, die wenig Spielraum für persönliche Befindlichkeiten lassen. Letztlich müssen Eltern sich mit den Lehrenden arrangieren (Gleiches gilt umgekehrt übrigens auch), ansonsten bleibt nur die Umsetzung in die Parallelklasse oder der Schulwechsel. Dazu sollte man sich von einer einzelnen Lehrkraft aber nicht verleiten lassen."

Die gute Nachricht: Auch an diesen Lehrern und Lehrerinnen wird unser Kind vorbeiziehen. ★

Frage 52

Wie kann ich meinem Kind Dampf unterm Hintern machen, dass es mehr draußen ist und sich bewegt, ohne meine „Ich bin der coole Vater"-Karte zu verspielen?

Beginnen wir mit dem Grundproblem: Schon vor Corona konnten sich Eltern den Satz „Geh doch mal raus an die frische Luft!" sparen. Aber während des Lockdowns haben die Jugendlichen ja nun mal bestätigt bekommen, dass es völlig okay und sogar der Allgemeinheit dienlich (wenn nicht sogar eine Pflicht) ist, das Zimmer tagelang nicht zu verlassen. Deshalb sind auch 50 Prozent von ihnen so Fan von Corona, dass sie sagen: „Gern noch mal, aber diesmal bitte mit Zombies!"

Wie man dem entgegenwirken kann, ohne dabei seine Coolness zu verlieren und „mega-assi-typisch-Eltern" rüberzukommen?
Tja, keine Ahnung. Aber das sagen die Eltern, die ich gefragt habe:

1. Mach es zum Abenteuer: Kreiere eine Schatzsuche im Garten oder im Park, bei der dein Kind Hinweise suchen und Rätsel lösen muss, um den Schatz zu finden.

2. Sei ein Vorbild: Wenn du selbst aktiv und draußen unterwegs bist, wird dein Kind eher dazu motiviert sein, es dir gleichzutun.

3. Finde die richtige Balance: Es ist wichtig, dass du deinem Kind genug Freiraum lässt, um seine eigenen Entscheidungen zu treffen. Gib ihm die Möglichkeit, auch andere Interessen zu entwickeln.

4. Belohne Bewegung: Warum nicht Bewegung mit kleinen Vergnügen verknüpfen? Du könntest zum Beispiel eine „Bewegungskarte" erstellen, auf der verschiedene Aktivitäten verzeichnet sind. Jedes Mal wenn dein Kind eine bestimmte Anzahl von Aktivitäten absolviert hat, erhält es eine Belohnung wie ein gemeinsames Eisessen oder einen Ausflug ins Kino.

5. Verbringt Familienzeit im Freien: Das können Picknicks im Park, Wanderungen oder Spiele im Garten sein.

6. Nutze den Peer-Druck: Kinder sind oft von der Meinung ihrer Freunde und Freundinnen beeinflusst. Ermutige dein Kind, sich mit anderen Kindern zu treffen, die viel draußen spielen und sich bewegen.

Oder kaufe ein paar Zombies … ★

Frage 53

Kann ich mein Kind auch sich selbst überlassen, wenn es partout nicht einschlafen will?

Tja, da wären wir – bei einer der Urfragen des Elternseins: Was tun, wenn mein Kind nicht (ein)schlafen will? Einfach einen bekannten Ratgebertitel zitieren: „Jedes Kind kann schlafen lernen"? Oder den noch bekannteren Jörg Schumacher: „Und wenn ich den Hammer nehme ..." Oder die Über-zeugung vertreten: „Ich lass dich jetzt mal allein, wenn du müde bist, wirst du schon einschlafen"?

Nein. Denn ein Kind ins Bett zu bringen oder in den Schlaf, ist eine hohe Kunst. Es muss sich wohlfühlen, um wirklich einzuschlafen. Womit wir (einmal mehr) zu den vier Grundproblemen eines jeden Babys und (Klein-)Kindes kommen: Hunger, Pipi/Kacka, Durst, Nähe. Heißt: Das muss vorher alles erledigt sein – und nein, liebe Papas, zwei Kekse sind KEIN nahrhaftes Abendessen, sondern fallen dir später gewaltig auf die Füße – oder die Ohren ...

Mein Geheimtipp ist ja der Fliegergriff. Dabei trägt man das Kind mit dem Bauch nach unten auf dem Unterarm, den Kopf in der Hand, damit nichts schiefgeht (siehe Frage 34). Die andere Hand darf von oben stabi-lisieren, aber Profis schaffen es, das Kind auf dem Unterarm zu balancie-ren, dabei Bier zu trinken und zu telefonieren. Nein, natürlich nicht!

Der Fliegergriff ist dafür da, wie sein Name schon sagt: zum Fliegen. Und das kann man ganz wunderbar mit dem kleinen Mann oder der klei-nen Frau. Und nach dem Fliegen ... genau, folgt das Schlafen.

Das Zauberwort bei allem, was das Thema „(Ein-)Schlafen" betrifft, ist sowieso *Entspannung*. Das geht auch einfach mit Atmen. Also, atmen kann ich auch ganz gut, aber meine Frau ist eine wahre Meisterin darin, die Kinder in den Schlaf zu atmen: einfach angeschlichen an die kleinen Männer, zu ihnen ins Bett gelegt und „beatmet". Wie das geht? Dazu atmet sie eine Weile synchron mit den Kindern, gleich- und regelmäßig. Und immer tiefer und dadurch langsamer. Als wahre Könnerin dieser Zunft schafft sie es, dass die Kinder ihrem Atemrhythmus folgen. Aber Vorsicht: Ich „schaffe" es bei dieser Methode regelmäßig, selbst mit einzuschlafen. Also: Kind schläft (endlich!), ich aber auch – im Kinderbett auf 90 Zentimetern mal 1 Meter 60! Das tut echt weh, wenn ich aufwache.

Mein Geheimtipp Nummer zwei: der Geruch! Und nein, Guido, das heißt nicht, dass du wie früher nach dem Sport nicht duschen sollst, sondern dass Menschen, vor allem kleine, entspannte Momente gern mit wohltuenden Gerüchen verbinden. Beziehungsweise sich besser entspannen können, wenn sie einen bekannten Duft riechen.

Unser Jüngster steht mit Hasi-Kuscheltier und ganz verschlafen in unserem Schlafzimmer: „Papa. Ich kann nicht einschlafen, alles ist sooo doof!" Spricht's, legt sich in unser Bett, schnuppert am Kopfkissen – und schläft ein. Wir nicht, wir sind wach. Trotzdem ein schönes Beispiel.

Aber natürlich gibt auch zu diesem Thema Checklisten, die ich euch nicht vorenthalten will. Die beste:

1. Regelmäßige Abendroutine beruhigt die Kinder. Also Essen, *Logo!*, Gutenachtgeschichte, Atmen.

2. Angenehme Schlafumgebung schaffen: Vorhänge zu – wenn überhaupt, dann weiches Licht und eine angenehme Raumtemperatur. Wichtig: bequeme Bettwäsche und Kissen.

3. Keine elektronischen Geräte vor dem Schlafengehen.

4. Mit dem Kind sprechen: Manchmal haben Kinder Ängste oder Sorgen, die sie vom Einschlafen abhalten. Zeigt Empathie und bietet Lösungen an, um ihnen Sicherheit zu geben. ✦

Frage 54

Mein Kind ist drei Jahre alt und will immer noch an die Brust – ist das okay?

Hmm, der Comedian in mir kennt nur die Frage: „Der Sohn einer Freundin ist 27 und will immer noch an ihre Brust ...“ Aber das ist wohl sexistisch, oder?

„Langzeitstillen“ heißt das Phänomen, nach dem wir suchen, und es gibt (wie immer) Befürworterinnen und Gegner. Kinderärzte und -ärztinnen sehen es eher entspannt, die WHO empfiehlt sogar, das zweite Lebensjahr über zu stillen.

Aber um den Eingangswitz aufzugreifen: Langes Stillen ist in unserer (deutschen) Gesellschaft nicht sehr verbreitet und kann deshalb als befremdlich und ungewohnt empfunden werden. Und über Merkwürdigkeiten werden eben gern Witze gemacht. Vielleicht können wir es ein wenig damit vergleichen, wie ein Mann noch vor 15 bis 20 Jahren angeschaut wurde, wenn er den Kinderwagen geschoben (oder gar das Baby in der Trage getragen!) hat.

Ernährungsberaterin Katharina Gantenberg sagt zum Thema „Langzeitstillen“: „Stillen ist eine besondere Form der Nähe zwischen Mutter und Kind, und diese bleibt durch das Langzeitstillen sehr intensiv. Außerdem ist Stillen durch die natürliche Ausschüttung von Oxytocin und Prolaktin auch für die Mutter sehr angenehm, entspannend und mit liebevollen Gefühlen verbunden. Also, wer es mag – warum nicht? Auf jeden Fall gibt es beim Stillen kein Richtig oder Falsch. Jede Mutter sollte für sich entscheiden dürfen, wie lange/kurz sie ihr Kind stillen möchte.“

Ab morgen stille ich auch, jawoll! ⭐

Frage 55

Ich bin nicht mehr glücklich mit der Mutter/dem Vater meiner Kinder. Aber werden sie eine Trennung jemals verpacken?

Wir kommen zum Schluss des Buches (jaaaa, ich weiß: och, wie schaaaaade!!), und da darf es noch mal ein bisschen schwerer werden, finde ich. Denn dadurch wird es gleichzeitig auch substanziell. Und ein bisschen Substanz kann uns doch allen nicht schaden ... Fehlen darf diese Frage nämlich nicht, wie ich finde.

Irgendwann kommt der Punkt, an dem man sich fragen muss: Wie haben sich unsere Interessen und damit auch Ziele im Leben möglicherweise verändert, seitdem wir uns kennengelernt haben? Seitdem das Projekt „Partnerschaft und Kinder" gestartet wurde? Denn diese müssen gegebenenfalls über die Zeit angepasst werden. Es ist ja nicht so, als ob Männer schon bei der Hochzeit überlegen, wie die Scheidung aussieht ... Niemand tut das.

Trotzdem passiert es – Trennungen. Öfter, als wir denken. Öfter, als uns lieb ist. Dem Mann, der Kinder wollte und dann weiter zur Arbeit ging, als wäre nichts passiert. Seiner Frau, die plötzlich nur noch Mutter war, nicht mehr Geliebte, nicht mehr Freundin.

Und dann kommt sie, die Trennung, schleichend und unausweichlich. Manchmal hinausgezögert durch die Tatsache, dass man Kinder hat, und begleitet von der Frage: Wie sagen wir es ihnen bloß? Und: Was tun wir ihnen damit nur an?

Puh! Da brauche ich wirklich die Unterstützung unserer Erziehungsberaterin Imke Dohmen. Die sagt zu unserer Einfangsfrage: „Kinder sind (auch da) immer abhängig von unserer Authentizität. Wenn ich also sicher bin: ‚Das ist gut für mich', wird auch das Kind damit umgehen können. Und gleichzeitig: Egal, wie ruppig oder liebevoll die Trennung ist – es sagt noch nichts darüber aus, wie das Kind damit klarkommt. Klar, je weniger Streit und je gleichwertiger aufgeteilt das Kind seine Eltern nach der Trennung sehen kann, umso besser. Aber das ist eben nicht immer gesagt. Es gibt auch entspannte Familien, wo der Vater nur alle zwei Wochen das Kind sieht.

Eine Trennung ist nie pauschal. Es gibt so viele Individualitäten und Ausnahmen. Eine Trennung professionell begleiten zu lassen für das Kind, kann eine hilfreiche Option sein." ★

UNSERE EXPERT*INNEN

Foto: privat

Dr. med. Catharina Amarell

ist Kinder- und Jugendärztin mit Weiterbildungen im Bereich Naturheilverfahren, Akupunktur und Manuelle Medizin. Am Kinderkrankenhaus Landshut war sie bis zu ihrer Elternzeit als Oberärztin für die Allgemeinpädiatrie und Notaufnahme zuständig, aktuell arbeitet sie dort als niedergelassene Kinderärztin und ist die ärztliche Leitung des Teams Integrative Pädiatrie. Sie ist Mutter von zwei Töchtern und unterrichtet als Dozentin Ärzte und Eltern mit dem Schwerpunkt Integrative/Komplementäre Medizin. Ihr Buch „So bleibt mein Kind natürlich gesund" erschien 2018.

Foto: Anja Jung

Susanne Blumenthal

ist Rechtsanwältin, Mediatorin und Fachanwältin für Familienrecht und für Arbeitsrecht. Sie lebt und arbeitet in Lüneburg, ist verheiratet, hat drei Kinder und einen Hund.

Viola Patricia Herrmann
ist Lehrerin und Mutter von vier Kindern. Ihre Erfahrung teilt sie regelmäßig auf Radio Teddy und veröffentlicht Beiträge zu Bildung und Schule in renommierten Magazinen im DACH-Raum. Als gefragte Schulexpertin sowie als Gastgeberin des Podcasts „Prominente für Bildung" setzt sie Impulse für ein modernes Schulsystem und engagiert sich für eine positive Veränderung des Schulwesens.

Imke Dohmen
ist Mama-Coachin und Erziehungsberaterin, Systemische Therapeutin, studierte Heilpraktikerin für Psychotherapie, Trauma- und Hypnosetherapeutin und Gründerin des Unternehmens Mutterhelden. Seit 2017 berät sie Mütter sowohl in ihrer Praxis in Hamburg-Eppendorf als auch digital. Zusammen mit Judith Möhlenhof unterhält sie außerdem den Podcast „Gemeinsam aus dem Mamsterrad", einen der Elternpodcasts im Bereich Familie und Kindererziehung. Zusammen haben sie auch das Buch geschrieben: „Gemeinsam aus dem Mamsterrad – Wie du es schaffst, stressige Momente im Alltag mit mehr Leichtigkeit zu meistern".

Katharina Gantenberg

ist ganzheitliche Ernährungscoachin (Studium Holistic Health & Nutrition am Institute for Integrative Nutrition in New York) und Mama von zwei Kindern. Ihre Coachings und Kurse sind für Mamas und Papas, die motiviert sind, ihre Familienernährung weiterzuentwickeln – damit sie fit sind und Energie haben für ihren turbulenten Alltag. Die unkomplizierte Umsetzung im Alltag steht bei ihr im Fokus. Mehr auf ihrer Seite katharinagantenberg.de.

Birte Glang

ist gelernte Juristin, erfolgreiches internationales Model und Filmschauspielerin und seit 2010 regelmäßig in Krimiserien genauso wie in abendfüllenden Komödien oder auch Kinofilmen zu sehen. Nach der Geburt ihres Sohnes 2017 nahm sie eine Hauptrolle in der Erfolgsserie „Alles was zählt" an. Außerdem gründete Glang die Marke *Move it Mama*, die Frauen vom ersten Tag der Schwangerschaft bis zu drei Jahre nach der Geburt mit dem richtigen Fitnessprogramm körperlich und seelisch begleitet. Glang ist Expertin auf diesem Gebiet und schafft es auch privat, ihre Partnerschaft weiterhin mit Leidenschaft zu füllen und ihre Familie voller Freude zu genießen.

Dr. med. Richard Krüger
ist Assistenzarzt für Gynäkologie und Geburtshilfe und hat mehrere Jahre Geburten in Deutschlands größter Geburtsklinik, der Charité in Berlin, begleitet. Dort spürte er, dass Schwangere und ihre Begleitungen oft unvorbereitet und verängstigt in den Kreißsaal kommen – obwohl sie das größte Wunder der Menschheit erwartet. Das möchte er ändern, erklären, was wirklich passiert, und Ängste vor Tabuthemen wie Geburtsverletzungen, Saugglockengeburt und Kaiserschnitt nehmen; einmal durch seine Arbeit als Arzt, heute im Klinikum Bielefeld, und mithilfe seines Buches „In der Geburtsklinik: Alles, was man wissen muss – Abläufe verstehen, Bedürfnisse klar kommunizieren, fundiert entscheiden", das im Februar 2024 bei Goldmann erscheint.

Claudia Leder-Appiah
ist 1983 in Dortmund geboren und aufgewachsen, arbeitet als Hebamme und hat selbst zwei Kinder (zum jetzigen Zeitpunkt zwei und vier Jahre alt). Seit 2020 ist sie examinierte Hebamme, ihr Traumberuf, davor arbeitete sie als Medizinische Fachangestellte in zwei Notfallambulanzen. Sie lebt mit ihrer Familie in Köln.

DANKE!

Liebe Eltern,
so, nun ist es fertig gelesen, das Buch, und meine Lektorin hat gefragt: „Wie wäre es denn mit einem Nachwort oder einem Dank?" Und da meine Kinder jedes Mal im Kino juchzen, wenn im Abspann noch eine „echte Szene versteckt ist", habe ich das genauso gemacht.
    Aber zuerst der Dank.

Ich möchte mich bei euch, liebe Leserinnen und Leser, für eure Zeit bedanken, die ihr diesem Buch gewidmet habt. Ich hoffe, dass es euch hier und da ein Lächeln ins Gesicht gezaubert und das Gefühl gegeben hat, dass ihr mit euren Fragen und Unsicherheiten nicht allein seid.
    Das Elternsein ist eine Reise, auf der wir gemeinsam lachen, lernen und wachsen können.

Danke sagen möchte ich aber auch meinen vielen lieben Kollegen und Kolleginnen, die mich auf meiner Comedy-Reise begleiten und von denen ich schon viel lernen durfte und immer noch lernen darf. Es ist mir eine Ehre, mit euch gemeinsam auf der Bühne zu stehen.
    Es ist immer doof, einige hervorzuheben, aber da ich auch etliche Anregungen von ihnen eingebaut habe, gilt mein besonderer Dank Paco Erhard, der mich stets unterstützt und wertgeschätzt hat, und dem unvergleichlichen Till Frey, von dem ich viel über die Arbeit auf der Bühne, aber auch im richtigen Leben gelernt habe.

Was wären Männer ohne Frauen? Nichts – und deshalb an dieser Stelle vielen Dank an meine Ehefrau Sandra, die dieses wilde Projekt unterstützt und gegengelesen hat, sowie an Greta Silver, die mir mit ihren unermüdlichen Ratschlägen geholfen hat, dieses Buch zu schreiben, und mir mit ihren Bestsellern ein Beispiel war, ebenso wie meine wundervolle Lektorin Nina Schnackenbeck.

Mein Dank gilt auch den Menschen und Menschinnen vom Junior Verlag, ohne die dieses Buch nie (so schön) das Licht der Welt erblickt hätte, insbesondere der Chefredakteurin von „Leben & erziehen", Claudia Weingärtner, und der Grafikerin Anja Jung.

Und dann danke ich ganz besonders und von Herzen all den Expertinnen und Experten, die mich mit Rat und Tat unterstützt haben und ohne die manche Frage unbeantwortet geblieben wäre. Zumindest inhaltlich ... Mein Dank geht an Dr. med. Catharina Amarell, Susanne Blumenthal, Imke Dohmen, Viola Patricia Herrmann, Katharina Gantenberg, Birte Glang, Dr. med. Richard Krüger und Claudia Leder-Appiah – vielen lieben Dank euch allen!

NACHWORT

Zurück zu euch, liebe Leser und Leserinnen,

mit diesem Comedy-Ratgeber haben wir uns gemeinsam auf eine humorvolle Reise durch den Elternalltag begeben. In den vergangenen Kapiteln haben wir uns mit den kleinen und großen Fragen beschäftigt, die sich Eltern stellen, aber vielleicht nicht immer auszusprechen wagen.

Ich habe es wohl schon mehr als einmal in diesem Buch geschrieben: Der Alltag als Elternteil ist voller Herausforderungen und Überraschungen. Von der Erziehung der Kinder über die Organisation des Familienlebens bis hin zu den kuriosen Momenten, in denen wir uns selbst fragen: „Was habe ich mir dabei nur gedacht?!?" All das gehört zum bunten Bild des Elternseins. Aber es ist auch eine Zeit voller wertvoller Erinnerungen, wachsender Liebe und unbezahlbarer Erfahrungen. Es ist wichtig, diese Momente festzuhalten und zu schätzen, gern mit einem lachenden Auge.

Humor ist dabei ein wunderbares Werkzeug. Nicht nur, weil Lachen bekanntlich die beste Medizin ist – nicht nur für uns, sondern auch für unsere Kinder (Achtung, Marvel-Szene!).

Er ermöglicht uns, die Perspektive zu wechseln, auch mal über uns selbst zu lachen und die kleinen Pannen und Missgeschicke des (Eltern-)Alltags mit einem Lächeln zu betrachten. Dieser Ratgeber wollte euch genau das vermitteln – den Mut, über die komischen und absurden Momente des Elternseins zu lachen und sich selbst nicht zu ernst zu nehmen. Dann schwindet der Druck ganz automatisch.

Ich hoffe sehr, dass euch die skurrilen Fragen, lustigen Anekdoten und die guten Ratschläge in diesem Buch Freude bereitet haben. Vielleicht konntet ihr euch in der ein oder anderen Situation wiederfinden und über euch selbst lachen. Denn letztendlich sind wir alle nur Menschen, die ihr Bestes geben und auch mal über die eigenen Ungeschicklichkeiten schmunzeln können sollten.

So wie ich gerade erst letztens …

Kennt ihr das? Wenn sie einen mit leuchtenden Augen anschauen, weil man ihnen eine Gute-Nacht-Geschichte erzählt? Oder wenn sie dich mit ihren dünnen Ärmchen umfassen, weil sie sich so freuen. Weil du ihnen etwas mitgebracht hast: die neuesten Star-Wars-Sticker, eine Spielzeugpistole. Oder rote Socken.

Da hat mein Sohn erst die Socken angeguckt und dann mich – und gesagt: „Ich weiß nicht, ob du der richtige Vater für mich bist." Und der ist erst vier.

Da war ich tief getroffen und habe mich umso mehr gefreut, als meine Frau bei einem gemeinsamen Essen am Abend zu Freund*innen gesagt hat: „Jörg ist wirklich ein moderner Mann." Moderner Mann? „Ja", hat sie gesagt, „du bist halt verständnisvoll, so sensibel." Sensibel?!? Nennt Männer nicht sensibel! Wir mögen vielleicht so sein, aber nennt uns doch nicht so! Der Steinzeitmann ist schließlich auch nicht mit dem Speer rausgelaufen und hat dann stundenlang mit dem Mammut über seine Gefühle geredet, bevor er es erlegt hat.

Das konnte ich nicht auf mir sitzen lassen. Und als sie mich gefragt hat: „Schatz, kannst du in der Küche schon mal die Zwiebeln schneiden?" Da habe ich das größte Messer genommen, die dickste Zwiebel. Wer hat hier Angst vorm Heulen? Ich nicht!

Dann habe ich losgeschnitten – und da ist die Zwiebel, schwups, in den Mülleimer gefallen. Ich beugte mich runter – und bämm! Hexenschuss. Ich merkte noch, wie meine Beine wegknickten, und dann bin ich langsam nach vorn gekippt. Ich habe noch versucht, mich am Kühlschrank festzuhalten – und bin in einem Regen von Magneten und Postkarten auf den Boden gefallen, aufs Gesicht.

Das war der entwürdigendste Sturz meines Lebens. Vor allem: Es war ein Sturz. Nur alte Menschen „stürzen" („Opa ist wieder gestürzt. Es ist etwas Schlimmes. Oberschenkelhalsbruch").

Junge Menschen fallen. Vom Rad. Aus der Achterbahn. Aber sie fallen.

Ich bin so alt, ich stürze schon.

Die ersten Worte meiner Frau waren: „Andere weinen beim Zwiebelschneiden, du brichst gleich zusammen wie ein Fußballspieler ..." Habe ich gesagt: „Geh weg, ich suche nur etwas."

Dann kamen meine Söhne. Der Älteste sah mich da liegen und sagte: „Papa, wir werden dich nie vergessen!" Der andere hat gemurmelt: „Du bist wirklich nicht mein Vater."

Dann sind sie weggelaufen, auf ihren roten Socken.

Na toll, Papa ist kaputt, bald gibt es einen neuen. Wir brauchen einen, der nicht so sensibel ist!

Aber zwei Minuten später kam meine Frau mit der Yogamatte: Ich dachte: „Die Gute, Sie deckt mich zu, gegen die Kälte!" Sagt sie: „Du bist in der Küche im Weg, ich zieh dich mal ins Schlafzimmer." Wie ein verendetes Pferd. Auf einer Plane. Weggeschleift zum Abdecker. Das war noch schlimmer als der Sturz.

In diesem Sinne wünsche ich euch weiterhin viel Freude und Gelassenheit beim Elternsein! Möget ihr die kleinen und großen Fragen des Lebens immer (zumindest im Nachhinein) mit einem Schmunzeln betrachten und euch stets daran erinnern, dass das Wichtigste ist, dass wir unsere Kinder mit Liebe und Humor begleiten. Denn das ist der Weg und möge die Macht mit euch sein.

Mit herzlichen Grüßen
der Heini vom Anfang

Foto: Stefan Beetz

Jörg Schumacher

Stand-up-Comedian Jörg Schumacher wurde in Essen geboren und zeigte schon früh Talent: Mit acht Jahren rezitier-
te er ein aufsehenerregendes Gedicht über seine Familie –
und durfte danach nie wieder bei Feiern auftreten. Aus
Rache startete er eine zweite Karriere und arbeitete als
Redakteur bei der Zeitung mit den wirklich großen Buch-
staben und in der Yellow Press. Heute ist Schumacher,
mittlerweile Vater zweier Kinder, fester Bestandteil der
Hamburger Comedyszene und stand schon im Halbfinale
des Hamburger Comedy Pokals.

DIE BESTE ZEIT UNSERES LEBENS

Keine Phase im Leben ist aufregender als die ersten Jahre mit Kids. Wir begleiten euch auf eurem Weg! Mit unseren Büchern seid ihr immer gut beraten – und niemals ganz allein.

Leben & erziehen

WAS ZÄHLT, IST FAMILIE

DRINNEN, DRAUSSEN, ÜBERALL

Ihr habt in der Corona-Zeit alle Beschäftigungsideen für eure Minis aufgebraucht?

Wir haben 100 tolle Tipps für euch, die nicht nur den Kids Spaß machen werden ...

Dieses Buch ist das ultimative Rezept gegen Langeweile!
Mit tollen Familienabenteuern für draußen und drinnen. Weil die Zeit mit unseren Kindern die wertvollste überhaupt ist.

ISBN: 978–3–9822992–6–6

Birk Grüling

MAMA! PAPA!
WAS MACHEN WIR HEUTE?

Ultimative Familienabenteuer, die unvergessliche
Erinnerungen für Kinder und Eltern schaffen

100 TIPPS für alle Jahreszeiten

Leben erziehen

UNSER AUTOR BIRK GRÜLING

... ist Wissenschaftsjournalist, lebt in Hamburg. Er ist Papa eines fünfjährigen Sohnes, mit dem er die Leidenschaft für ausgestorbene Tiere, versunkene Kulturen und verrückte Erfindungen teilt.

Foto:
Antje Wulf – Foto & Konzept

Imke Dohmen & Judith Möhlenhof

Gemeinsam aus dem
MAMSTERRAD

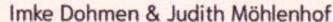

Wie du es schaffst,
stressige Momente im Alltag mit
mehr Leichtigkeit zu meistern

Von den
Macherinnen des
Erfolgs-Podcasts
MAMSTERRAD
mit über 1 Mio.
Downloads

Leben
& erziehen

GANZ ENTSPANNT ERZIEHEN

Perfekter Lesestoff für alle (werdenden) Eltern, um die ersten Jahre mit Kind gelassen zu meistern.

Egal ob morgens, mittags, abends: Der Alltag mit Kindern kann stressfreier werden – versprochen! In diesem Buch steht, wie es gelingt.

ISBN 978-3-9822992-0-4

UNSERE AUTORINNEN
Imke Dohmen & Judith Möhlenhof

… sind die Stimmen des erfolgreichen Mama-Coaching- und Erziehungs-Podcasts „Mamsterrad". Beide haben zwei Kinder.

Foto: Oliver Reetz

Leben & erziehen
WAS ZÄHLT, IST FAMILIE

(K)EIN FALL FÜR DIE KLINIK

Till Rausch
Dr. Benedict-Douglas Sannwaldt

KINDER DOCS

VERKNACKST, VERSCHLUCKT, VERBRANNT

Wie ihr euren Kids zu Hause helft – und wann ihr in die Klinik solltet

Zwei Kinderchirurgen geben Profi-Tipps für Notfälle

Leben & erziehen

Im Alltag mit kleinen Kindern lauern viele Gefahren. Aber: Die meisten Verletzungen sind kein Grund zur Panik!

In diesem Buch erfahrt ihr, was ihr bei kleinen Unfällen selbst tun könnt – und wann ihr einen Arzt braucht.

Ein MUSS für Mütter und Väter!
Mal hochemotional, mal dramatisch, zwischendurch urkomisch. In jedem Fall aber mit viel Herz und Verständnis für alle, die sich Sorgen um ihre Minis machen.

ISBN: 978–3–9822992–9–7

Foto: Anja Jung

UNSERE AUTOREN Till Rausch und Dr. Benedict-Douglas Sannwaldt

… arbeiten in einem Hamburger Kinderkrankenhaus – und wollen mit ihrem Buch eine Orientierungshilfe für Eltern bieten. Bei Instagram teilen sie als @die_kinderchirurgen spannende Details aus ihrem Arbeitsalltag.

Leben & erziehen
WAS ZÄHLT, IST FAMILIE

JETZT ABER AB INS BETT!

Birte Glang

TV-Star & Mama-Trainerin *Birte Glang*

ELTERN SEX

PIMP YOUR LOVE!
Wie euer Liebesleben wieder in Schwung kommt

Leben & erziehen

• Kinderwunsch
• Schwangerschaft
• Nach der Geburt
• Familienalltag

Ein Baby verändert alles – auch das Liebesleben. Das ist normal und nicht schlimm. Sondern eine Chance.

Mit diesem Buch kehrt der Spaß ins Schlafzimmer zurück. Garantiert.

Zusammen mit einer Hebamme, einem Gynäkologen, einer Physio– und einer Paartherapeutin gibt Mama–Trainerin Birte Glang hilfreiche und praxistaugliche Tipps. Und verspricht: Wer dieses Buch liest, hat (wieder) mehr Lust, intensivere Orgasmen und ganz sicher öfter Sex.

ISBN: 978-3-9822992-8-0

Foto: Lena Heckl

UNSERE AUTORIN BIRTE GLANG

…ist zweifache Mama, gelernte Juristin, internationales Model, Schauspielerin. Als Gründerin der Fitness–App „Move it Mama" hat sie schon Tausenden (werdenden) Müttern geholfen. Sie lebt mit ihrem Mann und den gemeinsamen Söhnen in Köln.

Leben & erziehen
WAS ZÄHLT, IST FAMILIE

Silke Schröckert

101 DINGE, DIE IN KEINEM ELTERN-RATGEBER STEHEN!

... obwohl sie so wichtig, witzig
und wunderbar wohltuend sind!

Leben
& erziehen

ISBN 978-3-9822992-2-8

BIN ICH EINE GUTE MUTTER?

Das haben wir Mamas uns alle schon einmal gefragt.

Die Antwort ist vermutlich: Nein (zumindest nicht immer). Aber: Das macht nichts! Und hier kommt der Beweis.

„Dieses Buch ist eine Einladung dazu, unsere Elternschaft mit mehr Leichtigkeit zu nehmen und vermeintliche Fehltritte als das wahrzunehmen, was sie sind: Chancen. Zum Lernen, zum Verändern oder einfach zum Annehmen und Endlich-mal-locker-durch-die Hose-Atmen."
Maria Ehrich

ISBN: 978-3-9105090-02-3

Foto: Lea Franke

UNSERE AUTORIN SILKE SCHRÖCKERT

... ist Moderatorin, Journalistin und Gründerin von Enkelkind.de. Seit 15 Jahren schreibt die Zweifachmutter Texte für die ganze Familie.

Lerne jetzt Leben & erziehen kennen

2 Hefte geschenkt für Dich!